LE PAPE
ET L'EMPEREUR

DU MÊME AUTEUR

Les Catholiques et la gauche, Maspero, 1958.
De Defferre à Mitterrand, Seuil, 1965.
De Gaulle, Éditions Union, 1969.
Quatorze points pour faire l'Europe, en collaboration avec C. Layton, Denoël, 1969.
Les Intellectuels en chaise longue, Plon, 1974.
Le Cadavre de Dieu bouge encore, Grasset, 1975.
La Peste blanche, en collaboration avec Pierre Chaunu, Gallimard, 1976.
Lettre ouverte aux gens de vingt ans à qui l'on ment, Albin Michel, 1978.
La Fête au Togo et autres histoires, Grasset, 1978.
Quand l'Occident se réveillera, Grasset, 1980.
Un royaume pour une tombe, Grasset, 1982.
Châteaux ressuscités, Saint-Fargeau, Ancy-le-Franc, Arthaud, 1983.
Les Nouveaux Cow-boys, Orban, 1984.
Le Tocsin, Grasset, 1984.
La Lorraine au quotidien, en collaboration avec M. Puhl-Demange, Centurion, 1986.
Mémoires d'un ours, Éditions de Fallois, 1995.
En cheminant avec Jésus, Ramsay, 1997.
Tu es Pierre, Éditions de Fallois, 2000, Prix des Maisons de la Presse 2000.

GEORGES SUFFERT

LE PAPE
ET L'EMPEREUR

Éditions de Fallois
PARIS

22, rue La Boétie, 75008 Paris

ISBN 2-87706-461-1

« L'homme qui, dans les temps grossiers qu'on nomme le Moyen Âge, mérita le plus du genre humain fut le pape Alexandre III. Ce fut lui qui, dans un concile au douzième siècle, abolit, autant qu'il le put, la servitude. C'est ce même pape qui triompha dans Venise par sa sagesse de la violence de l'empereur Barberousse, et qui força Henri II, roi d'Angleterre, à demander pardon à Dieu et aux hommes du meurtre de Thomas Becket. Il ressuscita les droits des peuples et réprima le crime des rois [...]. Si les hommes sont rentrés dans leurs droits, c'est principalement au pape Alexandre III qu'ils en sont redevables : c'est à lui que tant de villes doivent leur splendeur. »

VOLTAIRE,
Essai sur les mœurs

INTRODUCTION

Il y a des personnages singuliers dont l'Histoire oublie les noms. Voyez le pape Alexandre III. Qui se souvient de lui ? Les gros ouvrages spécialisés indiquent simplement qu'il accéda au pontificat en 1159 et mourut en 1181, soit un règne de plus de vingt ans, ce qui était exceptionnel à l'époque. Sur son aventure personnelle, on se borne à préciser qu'il dut surmonter un schisme et fut en butte à l'hostilité de Frédéric Ier, empereur allemand, plus connu sous le nom de Frédéric Barberousse. Or ce pape oublié et cet empereur entré dans la légende se combattirent pendant les dix-huit années d'un schisme qui ébranla la chrétienté. La défaite de Barberousse, contraint de reconnaître Alexandre comme pape légitime, ne mit pourtant pas fin à cette longue querelle entre le pape et l'empereur pour la suprématie sur la chrétienté – c'est-à-dire sur l'Europe, puisque les deux notions se confondaient à cette époque. Comment fut menée cette lutte qui, au-delà de sa dimension religieuse, présente bien des points communs avec les conflits passés ou présents ?

Et d'abord que savons-nous sur cette deuxième moitié du douzième siècle ? Pas grand-chose, en vérité. Certes, le Moyen Âge obscur s'éloigne dans le temps. L'Europe, pour la première fois depuis cinq siècles, s'enrichit : redressement démographique, accroissement des échanges économiques, agrandissement des villes, reconstitution progressive des chemins et des routes abandonnés, défrichement, le mouvement est général, même si les acteurs n'en sont pas vraiment conscients. La plupart des femmes et des hommes demeurent accrochés à leur terre et à leur village ; ils vivent dans des maisons construites plus souvent en bois qu'en pierre. Un chemin rouvert, une église qu'on achève de construire, le passage plus fréquent de vendeurs de peaux, de couteaux, d'outils, voilà les signes qui permettent à cette masse paysanne de percevoir cette croissance lente mais régulière.

Autre constat, les structures hiérarchiques de la société n'ont pas vraiment changé. C'est toujours le château qui protège le village et administre l'impôt ou ce qui en tient lieu. Le curé – ou l'évêque dans les cités relativement importantes – constitue le second pouvoir. Il appuie l'autorité seigneuriale, parfois s'y oppose. Au sommet du système, le roi. On sait qu'il existe, qu'il exerce une autorité souveraine, que les magistrats dépendent de lui, qu'il peut lever une armée et faire la guerre s'il le juge nécessaire. On sait son nom ; c'est à peu près tout. Louis pour la France, Frédéric pour l'Allemagne, Henri pour l'Angleterre. En Italie, on ne connaît que le pape, personnage fabuleux qui incarne la majesté de Dieu et la puissance de l'Église.

L'Italie, jadis possession byzantine, avait été la proie

d'envahisseurs : Lombards au nord, plus récemment Normands au sud.

Charlemagne et avant lui Pépin avaient défait les Lombards (Charlemagne portait le titre de roi des Lombards) et fondé les États de l'Église, ne laissant aux Byzantins que l'exarchat de Ravenne. S'étant proclamé protecteur du Saint-Siège, Charlemagne imposait, avec mesure, ses volontés à Rome. Mais, dès sa mort, cette construction fragile se fissura. Certes, son fils Pépin porta le titre de roi d'Italie ; encore que Venise ait réussi à préserver son indépendance. Très vite, les divisions de l'Italie réapparurent. Dans le nord, chaque ville affirma son autonomie et s'entoura de murailles défensives. Toute l'Italie est ainsi faite, de Milan à Venise, de petites républiques : c'est « l'Italie des communes ».

Dans le sud, l'autorité passa successivement des Byzantins aux Normands, plus tard aux Angevins, enfin à l'Aragon. La notion d'État disparut. Ne demeuraient que de minuscules puissances féodales et, à leur côté, des communes en plein essor où la bourgeoisie exerçait le pouvoir. Dans cet émiettement, le pape apparaissait comme un élément stable. Encore faut-il remarquer qu'il était lui-même sous la dépendance des grandes familles de Rome – les Tusculum, les Crescenzi, les Frangipani, les Pierleoni, etc.

Nous sommes pourtant confrontés, au-delà du politique, à ce qui, pour nous, constitue le mystère central ; au douzième siècle, tous les peuples qui vivent en Europe sont chrétiens. L'athéisme, tel que nous le connaissons, n'existe pas. Enfants, femmes et hommes naissent, vivent et meurent dans un univers totalement religieux. Les cloches des églises ordonnent le temps, appellent aux prières, annoncent les mariages et les décès. L'existence de la communauté villageoise dépend des fêtes religieuses qui rappellent la vie du Christ et marquent le passage des saisons. La prière accompagne tous les gestes de la vie et donne une dimension mystique aux actes quotidiens des uns et des autres. Il y a, bien sûr, des hérétiques ; mais si on y regarde de près, ils ne sont pas moins croyants que les autres. Et leur présence prouve, *a contrario*, l'importance de la foi collective. Si la chrétienté comme réalité et système de civilisation a existé, c'est entre les onzième et quinzième siècles qu'elle atteignit son point culminant.

Ce qui est en jeu dans le duel qui va opposer Alexandre et Frédéric, ce n'est donc pas la Foi. Elle est la même pour tous. C'est l'hégémonie de l'Église.

C'est dans ce contexte qu'intervient l'affrontement entre Alexandre III et Frédéric Ier.

Depuis les débuts du Saint Empire, le conflit couvait entre l'empereur et le pape et pouvait se résumer d'une formule : lequel avait la primauté sur l'autre ? Le Souverain pontife considérait que l'empereur procédait de lui puisqu'il le sacrait. De leur côté, depuis Charlemagne, les empereurs ne voyaient dans le sacre qu'une reconnaissance du pouvoir que leur avait confié Dieu.

La querelle put être évitée tant que les papes manquèrent de personnalité et furent de simples créatures de l'empereur (qui avait même un droit de regard sur l'élection pontificale depuis Otton Ier). Les choses se gâtèrent avec l'élection de Grégoire VII dont la fermeté allait entraîner la fameuse querelle des Investitures.

Apparemment réglé grâce à l'arrivée au pouvoir de chaque côté de personnalités plus conciliantes, le conflit continuait à couver. Le désir, non dissimulé, de Frédéric Ier de rétablir l'Empire de Charlemagne, c'est-à-dire de régner en Italie et donc à Rome, bref de priver le pape de son pouvoir temporel, allait mettre le feu aux poudres.

Qui étaient ces deux hommes ?

Frédéric d'abord. Au-delà de la légende, largement utilisée par le nationalisme allemand au dix-neuvième siècle, il fut un empereur assoiffé de pouvoir et de grandeur.

Né dans la grande aristocratie allemande, il était le neveu de Conrad III, son prédécesseur immédiat. Il avait aussi pour lui, étant issu des Staufen par son père, Frédéric II de Souabe, et des Welf par sa mère, de descendre des deux grandes familles qui se disputaient le pouvoir impérial.

Son univers était celui de la chevalerie ; il était du reste le chevalier idéal avec sa belle allure, ses manières de cour, ses dons de cavalier, de chasseur et de guerrier.

En revanche, son éducation intellectuelle avait été fort négligée. Pratiquement illettré, ne s'exprimant qu'en allemand, il n'avait que des rudiments des langues étrangères et prenait conseil d'interprètes et d'experts avant toute décision. C'est sans doute pourquoi il veilla à l'éducation de son fils, le futur Henri VI.

Autodidacte, Frédéric avait une intelligence aiguë, doublée d'une grande curiosité et d'une aptitude à décider rapidement. Pragmatique et avisé dans le choix de ses conseillers, il puisait dans leur savoir pour compenser les lacunes de sa formation, mettant son éloquence naturelle au service de ses ambitions.

Outre ces qualités, il possédait une vertu essentielle pour un homme politique : il était doté d'une énergie farouche. Il ne se laissa jamais abattre, même au plus fort des désastres, et sut « rebondir » en toute occasion, servi par une habileté de négociateur et une souplesse confinant parfois au cynisme.

En un mot, doté d'une autorité naturelle, aussi prompt à pratiquer la brutalité que la duplicité, il était fait pour régner.

Il est difficile d'être plus différent de cet empereur que l'était Alexandre III, issu de la bourgeoisie urbaine de Sienne, et dont l'univers était celui de l'écrit et de l'esprit.

Alors qu'il s'appelait encore Rolando Bandinelli, le futur pape révéla très vite ses dons intellectuels. Très cultivé, excellent rhétoricien, il fit des débuts rapides dans l'Église. Chanoine à Bologne, où il enseignait le droit canon, il fut remarqué par Eugène III qui le nomma cardinal diacre de Saint-Côme-et-Damien, puis titulaire de Saint-Marc, avant de lui confier la fonction de chancelier de l'Église romaine.

À ce poste, il se familiarisa avec les affaires de l'Église et ajouta à sa subtilité de théologien l'habileté du diplomate, toutes qualités qui lui serviraient dans son combat contre Frédéric.

Cependant, malgré sa finesse, il fit parfois preuve d'une grande naïveté dans l'évaluation de la situation politique et du comportement de ses alliés. Son caractère, décrit par le cardinal Boson – son biographe –, contient peut-être une explication. Au dire de Boson, il était en effet un composé d'intelligence et de prudence, de douceur et de patience, de compassion et de générosité. Homme d'étude et canoniste, il manquait peut-être simplement du sens politique dont sont pourvus les ambitieux et n'était pas assez désabusé pour soupçonner une absence totale de scrupules chez ses adversaires.

Dernière remarque : autant Frédéric régna avec une autorité souveraine, autant Alexandre passa son existence à s'interroger sur ses alliés : allaient-ils lui demeurer fidèles ? De quelle autorité disposait-il ? Non qu'il se soit posé des questions sur la validité de son élection, mais il craignait d'être vaincu par son formidable adversaire. Frédéric disposait des armes et de l'argent ; Alexandre n'avait qu'un titre contesté. On comprend ses inquiétudes quotidiennes.

Elles furent cependant équilibrées par l'opiniâtreté de ce pape. Jamais il ne fut tenté de se rallier à l'un des compromis boiteux que lui proposa l'empereur. Personne n'avait le droit de contester son rôle ; personne ne pouvait servir l'Église en la divisant. Alexandre, sur ces idées simples, fut inflexible. Les cardinaux qui l'entouraient, et ont rapporté ses actes, s'accordent sur cette volonté de fer. Elle les étonna à plusieurs reprises.

Les deux adversaires ne combattent donc pas à armes égales. C'est le conflit d'un guerrier et d'un joueur d'échecs. Frédéric ne connaît que la manière forte : sa stratégie, ce sont les invasions brutales, les villes assiégées, brûlées, rasées, les conditions de paix imposées.

Alexandre est un diplomate : il n'a pas d'armée, il n'a pas de soldats, mais il a des alliés, tous ceux qui n'ont pas envie de voir gagner son adversaire, tous ceux qui vont soutenir l'autonomie de l'Église, pour éviter une Église dominée par l'Empire.

Frédéric précipite les choses. Alexandre attend son heure. Elle finira par venir. Après dix-huit ans de patience.

CHAPITRE I
PRÉLUDE AU SCHISME
(1075-1152)

Le schisme qui éclate, à l'élection d'Alexandre III, le 7 septembre 1159, n'est pas un de ces événements inattendus, qui surgissent parfois dans l'Histoire, sans que rien les ait laissé prévoir, et en modifient durablement le cours. C'est la personnalité exceptionnelle des deux protagonistes qui en a fait une crise majeure et a donné à cette crise sa dimension. Mais le feu couvait depuis longtemps.

Depuis le début du onzième siècle, les rapports entre l'Empire et l'Église n'ont cessé de se détériorer. Le pape a dû souvent faire appel à l'empereur pour le protéger de telle ou telle menace. Il en est résulté des rapports de sujétion qui paraissent naturels à l'empereur et qui sont de plus en plus insupportables. C'est l'origine de la fameuse querelle dite « des Investitures », qui dura près de cinquante ans. L'histoire vaut d'en être rappelée, car elle contient en germe tout ce qui va suivre. C'est comme une répétition générale du drame auquel nous allons assister.

De quoi s'agit-il ? Des évêques, et de leur désignation. Comment les choisit-on ? Par qui sont-ils élus ? Qui leur donne « l'investiture » ? Et par conséquent, de qui dépendent-ils ?

La question est-elle si importante que cela ? Oui, à cette époque elle est même capitale. Pour tous les souverains, et pas seulement pour l'empereur, les évêques représentent la hiérarchie de l'Église, et leurs pouvoirs sont considérables. Mais à l'autorité spirituelle, ils ajoutent une autorité temporelle. Beaucoup d'entre eux ont en propre des fiefs importants, dont ils sont les maîtres. Ils y exercent des droits régaliens, celui de battre monnaie, de prélever des redevances, d'avoir des soldats. Pour vous faire une idée du rôle qu'ils jouent dans la cité, représentez-vous ce que serait aujourd'hui dans votre département – disons plutôt votre diocèse – un évêque dont dépendraient les crèches, les collèges, les lycées, les facultés ; qui aurait en outre, sous son commandement, les dispensaires, les centres médicaux, les hôpitaux, et par qui vous devriez passer si vous vouliez un extrait de naissance, un certificat de mariage ou de décès. Représentez-vous tout cela, et demandez-vous s'il serait possible qu'un seul pouvoir politique se désintéresse de la nomination de l'évêque. En Allemagne en particulier, où les princes et les ducs entretiennent une contestation et une agitation permanentes, c'est en s'appuyant sur les évêques que l'empereur peut contrebalancer leur pouvoir. Il est donc bien compréhensible que l'empereur veuille désigner, pour les évêchés, des hommes de confiance à lui, tandis que le pape considère que c'est à lui de les choisir.

Henri IV et Grégoire VII

La crise éclate en 1073. L'empereur allemand s'appelle Henri IV. Il a vingt-trois ans. Il vient d'accéder au pouvoir, trop jeune, succédant à son père Henri III après une longue régence de sa mère. Il a beaucoup de mal à se faire accepter des princes allemands. Contre l'avis du pape Alexandre II, il vient d'imposer son candidat à l'évêché de Milan. Le pape a aussitôt excommunié cinq conseillers de l'empereur. Simple avertissement !

Là-dessus, le pape Alexandre II meurt, et le nouveau pape prend le nom de Grégoire VII. C'est un personnage considérable de l'Église. Fils d'un paysan toscan, il a commencé par choisir la vie monastique et passer quelques années à l'abbaye de Cluny. Mais on l'a rappelé à Rome, pour gérer les finances de l'Église. Il a été un des plus proches conseillers des papes Nicolas II et Alexandre II. C'est un partisan résolu de la « réforme » des mœurs de l'Église. De plus en plus nombreux en effet sont ceux que gagnent l'indignation, la colère, contre la décadence, la corruption, les scandales permanents qui minent l'autorité de l'Église. Prêtres mariés, charges vendues et achetées sans vergogne, jusqu'à la papauté elle-même que se disputent les grandes familles de Rome. C'est le futur Grégoire VII – il s'appelle encore Hildebrand –, qui a inspiré à Nicolas II le décret de 1059, réservant aux seuls cardinaux l'élection du pape.

À peine élu, Grégoire VII publie son programme intitulé « Les Dits du pape », dans lesquels il annonce qu'il excommuniera tout laïc qui se permettra dorénavant de donner l'investiture à des évêques. Tout laïc : suivez mon regard !

À cette déclaration nette et sans ambiguïté, Henri IV répond aussi nettement. Il convoque un synode à Worms, en janvier 1076, dans lequel vingt-quatre évêques allemands et deux évêques italiens acquis à l'empereur déclarent le pape indigne et le somment de démissionner.

Riposte immédiate. Trois semaines après, Grégoire VII réunit un concile à Saint-Jean-de-Latran, à Rome, et excommunie l'empereur, déliant du même coup ses sujets du serment de fidélité à son égard.

À tous ceux qui auraient tendance à prendre à la légère ce mot d'excommunication, il faut demander d'essayer de comprendre ce que pouvait avoir de terriblement impressionnant cette mesure exceptionnelle. D'abord par la cérémonie elle-même, mais aussi par ses conséquences. Quand l'anathème a été prononcé, le coupable est retranché de la communauté des vivants. Il ne peut plus recevoir les sacrements. Tous ceux qui l'approchent s'exposent à des sanctions analogues.

De son côté, considérant que Grégoire ne représente plus rien, puisqu'il a été « déposé », Henri IV décide de marcher sur Rome, pour faire nommer son successeur. C'est alors que se produit la surprise : la plupart des princes allemands, abandonnant le parti de l'empereur, le menacent à leur tour de le déposer s'il n'a pas obtenu le pardon de Grégoire avant un an. L'excommunication avait fait son effet.

Changement d'objectif : Henri IV part bien pour l'Italie, mais pour aller demander son pardon au pape. Celui-ci, craignant un piège, ne l'attend pas à Rome. Il s'est réfugié à Canossa, une ville-forte appartenant à la comtesse Mathilde, en Toscane, capable de soutenir un siège, s'il le faut, et dont l'armée de l'empereur aura du mal à s'emparer.

En effet, l'armée de l'empereur entoure la ville. Elle empêche toute sortie. C'est l'hiver, un hiver glacial. L'ennemi est puissant, le pape n'a rien pour se défendre, et les habitants de Canossa n'ont même pas de quoi manger. Mais finalement, l'empereur accepte de se présenter seul à l'entrée de la ville.

On connaît la suite. Dans un cérémonial digne d'Hollywood, l'empereur Henri IV, en robe de bure, pieds nus dans la neige, viendra trois jours de suite frapper à la lourde porte de la citadelle, implorant le pardon du pape, sans que la porte s'ouvre. Enfin il est autorisé à entrer, s'agenouille aux pieds de Grégoire VII, et fait pénitence.

L'affaire de Canossa, par son côté spectaculaire, et aussi parce qu'elle a donné lieu à une expression courante « aller à Canossa », a tendance à nous faire oublier la suite. En réalité, cette affaire est beaucoup moins simple qu'elle n'en a l'air. Il n'y eut ni vainqueur, ni vaincu. Tout le monde y perdit un peu de son autorité, et aucun des deux ne la retrouvera jamais.

Après Canossa

Les ennuis d'Henri IV sont loin d'être terminés. L'excommunication, prononcée une première fois en 1076, a été levée en 1077 à Canossa. Mais les princes allemands, trouvant qu'il a fait trop de concessions, élisent contre lui un antiroi, Rodolphe de Souabe.

Celui-ci, pendant trois ans, va lui disputer le pouvoir. Grégoire VII propose son arbitrage. Henri IV le refuse et il est excommunié à nouveau en mars 1080. Il riposte en faisant « déposer » à son tour le pape Grégoire, et en faisant élire à sa place un antipape, Guibert, archevêque de Ravenne, sous le nom de Clément III. La mort de Rodolphe, tué au combat en mars 1080, lui laisse les mains libres. À partir de 1081, il marche sur Rome, assiège la ville en 1082, s'empare en 1083 de Saint-Pierre et de la Cité léonine. Enfin, en mars 1083 il entre triomphalement dans la ville, installe Clément III au palais du Latran, et la cérémonie du sacre a lieu le 31 mars.

Grégoire VII n'a eu que le temps de se réfugier avec ses cardinaux dans l'imprenable Château Saint-Ange, attendant que les Normands de Sicile viennent le délivrer. Ceux-ci arrivent en mai, chassent Henri IV, délogent Clément III de son palais du Latran, y réinstallent Grégoire VII, mais avant de s'en aller saccagent et incendient la ville avec une violence inouïe.

Les Romains, tenant Grégoire pour responsable du massacre, ne lui pardonnèrent pas. Ils l'obligèrent à s'exiler, et Grégoire dut aller vivre à Monte Cassino, puis à Bénévent, et enfin à Salerne où il mourut l'année suivante.

Telle fut la fin d'un des plus grands réformateurs de l'Église, qui avait eu l'intuition de ce changement décisif : tenir l'élection du pape à l'abri de toutes les interventions politiques. En ce sens, il avait vu juste, et il a gagné. Mais cette victoire avait été payée assez cher.

Curieux destin que celui de Grégoire VII ! Il n'était

déjà pas très optimiste le jour de son élection : « Une douleur profonde et une tristesse universelle m'étreignent. C'est à peine si je vois quelques évêques dont l'élévation à l'épiscopat et la vie soient conformes aux lois de l'Église. Parmi les princes, je n'en vois pas qui préfèrent l'honneur de Dieu au leur, et la justice au lucre. » Douze ans plus tard, il concluait sur ces paroles désabusées : « J'ai aimé la justice et haï l'iniquité. C'est pourquoi je meurs en exil. »

Quant à Henri IV, qui vécut encore vingt ans, la fin de sa vie ne fut pas plus heureuse. Toujours excommunié, vigoureusement combattu par les successeurs de Grégoire VII, Urbain II et Pascal II, il mena des campagnes victorieuses en Italie, mais dut faire face à une contestation grandissante en Germanie. On élut contre lui des antirois, comme il avait fait élire contre Grégoire un antipape. Son propre fils, couronné à Aix-la-Chapelle en 1087, puis roi de Lombardie en 1093, fut déposé à son tour en 1098. Finalement, c'est son second fils, le fidèle, le favori, le futur Henri V, qui fit prisonnier son père et le « déposa » en 1105.

Prisonnier, enfermé dans une tour, il parvint à s'échapper, tenta de reprendre les armes contre son fils, mais finalement n'en eut pas le courage et renonça.

Les derniers mois furent pathétiques. Après son abdication, il écrivit à l'évêque de Spire, pour lui demander une place de chantre dans le chœur de la cathédrale. Cette place lui fut refusée. Il se retira à Liège, et y mourut dans la misère au bout de quelques mois. L'humiliation de Canossa, la trahison de sa seconde femme, un antiroi, deux excommunications, ses propres fils révoltés, tout cela lui avait tourné la tête.

Il ne savait plus très bien où il en était, ni même qui il était. Il avait oublié qu'il avait abdiqué, et se croyait encore le maître du monde. Tout ce qu'il fallait en somme pour inspirer un grand poète ou un dramaturge. Pirandello s'en avisa, huit siècles plus tard, et lui donna l'immortalité du Théâtre, qui vaut bien celle de l'Histoire. C'était un personnage très moderne.

Les éperons d'or de la comtesse Mathilde

La comtesse Mathilde – chez qui Grégoire avait attendu de pied ferme l'empereur Henri IV repentant – n'a sûrement pas pleuré sa déchéance et sa mort. Elle le détestait. Elle avait reporté sur lui la haine qu'elle vouait à son père, Henri III.

Dans sa *Divine comédie*, où chacun occupe la place qu'il a méritée dans son existence, Enfer, Purgatoire ou Paradis, Dante a mis la comtesse au Paradis.

Certains s'en étonnent. Dante la connaissait-il bien ? Quelques années de purgatoire n'auraient-elles pas été plus indiquées ?

Mais c'est Dante qui a raison. La vision d'un poète ne le trompe pas. Il voyait en elle un symbole de la Foi militante, et Mathilde était cela, et même bien plus qu'une militante : c'était une « pasionaria ».

L'histoire n'a retenu d'elle que son patrimoine, les biens fonciers dont elle avait hérité. Les biens de la comtesse Mathilde ! Pas un concile, pas un synode, pas un traité, pas un concordat, tout au long de ce douzième siècle, où les papes et les empereurs ne se soient disputés pour savoir à qui ils reviendraient.

Il faut dire qu'ils avaient de quoi susciter des convoitises : la Toscane, à laquelle s'étaient ajoutées Spolète, Mantoue, la Romagne, la Marche d'Ancône, etc. Et chacun avait de bonnes raisons de les revendiquer. Le pape, parce qu'il disposait d'un testament en bonne et due forme, confirmé par la comtesse en 1110, cinq ans avant sa mort, par lequel ils lui étaient légués. L'empereur, parce qu'il s'agissait d'un fief laïc, dont il devait toujours rester le propriétaire.

D'où tenait-elle ce trésor ? De sa mère Béatrice, une Lorraine, mariée à un cadet du duc de Spolète, Boniface, à qui l'empereur avait donné le titre de comte de Toscane. Pour faire honneur à ce titre, Boniface avait cherché à s'enrichir par les moyens les plus rapides, n'hésitant pas à confisquer et à piller toutes les abbayes et tout le haut clergé de la région. Cela ne lui avait pas fait que des amis, et c'est pourquoi il mourut assez jeune, d'une flèche empoisonnée qui l'atteignit au cours d'une partie de chasse. Restée veuve avec trois enfants, Béatrice de Toscane avait épousé l'un de ses compatriotes, Godefroy le Barbu, duc de Haute-Lorraine, qui était venu chercher fortune en Italie, après s'être brouillé avec l'empereur.

Ce Godefroy, autant le dire tout de suite, n'était pas un personnage très recommandable. Les historiens ne l'aiment guère. Surtout ne pas le confondre avec son neveu, Godefroy de Bouillon, qui fut un des chefs les plus valeureux de la Première Croisade, s'empara de Jérusalem en 1099, refusa par humilité de porter le titre qu'on lui offrait de « roi de Jérusalem », et prit celui – tellement plus beau – d'« avoué du Saint-Sépulcre ».

Ayant appris que l'empereur Henri III, appelé à l'aide

par le pape Victor II, était venu visiter son royaume d'Italie, accompagné d'une forte armée, Godefroy ne souhaita pas le rencontrer. Il retourna donc en Lorraine, laissant à Florence, où il avait l'habitude de vivre avec sa famille, Béatrice et sa fille Mathilde, tandis que les deux autres enfants restaient à Canossa.

L'empereur en arrivant à Florence trouva devant lui deux femmes éplorées. Béatrice, en habits de deuil, proclama sa fidélité, affirma qu'elle n'était pour rien dans les méfaits de son mari, qu'elle était disposée à rendre tout ce qui avait été volé, et qu'elle serait soumise à l'empereur, comme ses trois enfants, et en particulier cette petite Mathilde qui était auprès d'elle.

Rien n'y fit. Insensible, l'empereur donna à ses soldats lombards – terrifiants pour une enfant – l'ordre d'embarquer les deux femmes et de les emmener en Allemagne.

Ceci se passe en 1055. Mathilde a six ans, elle n'oubliera jamais cette scène.

Quelques jours plus tard, on apprendra que les deux autres enfants, un garçon et une fille, ont été assassinés à Canossa. Sur l'ordre de qui? Mystère. Mais tout le monde soupçonne la même personne.

La captivité en Allemagne ne dure pas. Un an après, Henri III meurt brusquement. Son fils Henri IV a le même âge que Mathilde. Une longue régence commence. Les régences sont accommodantes. Mathilde et sa mère reviennent à Florence, où Godefroy le Barbu les rejoint.

La vie peut reprendre. La valse des papes continue. Godefroy tente un grand coup: il veut faire élire au Saint-Siège son frère Stefano, pour qu'à son tour celui-ci le nomme roi d'Italie. L'opération est tout près de réussir, mais elle échoue : Stefano est mort quelques jours trop tôt.

Le grand événement, c'est l'élection en 1073 au trône de saint Pierre de Grégoire VII, que Mathilde et sa mère ont connu à Florence quand il était encore le moine Hildebrand, et qu'il est venu avec Pierre Damien prêcher la réforme de Cluny.

Mathilde a vingt-trois ans, elle vient de rencontrer l'homme qu'elle admirera toute sa vie. Les premiers mots du pape, qui sont les titres des chapitres de son livre, ont clairement montré son programme : réforme morale et autorité politique sont totalement liées, l'une n'est rien sans l'autre. Voici quelques-uns de ces titres qui sonnent comme des dogmes :

– « Comment le Souverain Pontife est seul à pouvoir être appelé Universel. »

– « Comment il a seul le pouvoir de déposer ou de rétablir les évêques. »

– « Comment seul le Pape a droit de porter les insignes impériaux. »

– « Comment son nom seul doit être invoqué dans l'Église. »

– « Comment le Pape a le pouvoir de déposer l'Empereur. »

– « Comment aucune décision du Pape ne peut être révoquée, tandis qu'il possède le pouvoir de déposer toutes les autres. »

– « Comment l'Église romaine ne s'est jamais trompée et ne se trompera jamais. »

– « Comment le Pape peut dispenser de leur obligation d'obéissance les sujets des princes injustes. »

Le pape n'a pas que de bonnes idées. Il a décidé que Mathilde doit se marier, c'est lui-même qui a choisi le mari. Mathilde a vingt-six ans, l'époux s'appelle Godefroy le Bossu, c'est le fils aîné de l'autre Godefroy, le Barbu, qui est le beau-père de Mathilde. Ces Godefroy sont très riches, mais pas très avenants. Tout de suite, le mariage échoue. Heureusement, il n'a pas été consommé. Il sera donc facile de l'annuler.

Dépité, le garçon est retourné en Lorraine, où il se répand en calomnies épouvantables sur les mœurs italiennes et les rapports de Mathilde et de Grégoire. Pures inventions. Mais le dossier sera tout de même utilisé en 1077 au concile de Worms, pour justifier la déposition de Grégoire VII par les évêques allemands.

Mathilde n'en est nullement affectée. Ces douze années du pontificat de Grégoire VII (1073-1085), ce sont les années heureuses de sa vie. Dans la lutte permanente, sans trêve ni merci, qui oppose le pape à l'empereur, Mathilde est à ses côtés comme la première des fidèles. C'est chez elle qu'il est venu attendre Henri IV, lors de la fameuse entrevue de Canossa. Elle vit dans les transports mystiques. Elle a pour confesseur l'évêque de Lucques, Anselme, qui exerce sur elle un pouvoir absolu, guérit ses maux par simple contact avec son anneau, a sur elle une emprise que l'on a parfois comparée à celle de Raspoutine. Elle est remplie de contradictions. La plus modeste et la plus orgueilleuse. Le matin, elle va à la messe, en robe de pénitente, et se confesse. Le soir, elle porte les plus beaux habits, n'accepte pour servantes que des filles de la noblesse, et exige que tous les hôtes qui passent par Canossa mettent un genou à terre devant elle. Elle monte à cheval comme un homme, mais on la reconnaît à ses éperons d'or.

C'est à la mort de Grégoire VII, en 1085, qu'elle va donner toute sa mesure. Elle tombe dans un abattement total, d'autant plus qu'Anselme, que Grégoire avait choisi pour lui succéder, meurt à son tour. Mathilde ne se lève plus, ne sort plus, ne veut avoir aucune nouvelle du monde extérieur.

Soudain, elle revient à la vie. Sur la liste des trois autres « papabili » désignés par Grégoire, les Romains ont choisi celui qui pouvait le mieux administrer leur cité et lui rendre une prospérité dont elle a bien besoin. Il a fait ses preuves à Monte Cassino, dont il est le père abbé, il s'appelle Désiré.

Celui-ci, qui est un sage, décline avec beaucoup de respect l'honneur qui lui est fait. On le supplie. Après des semaines, il accepte, et devient Victor III, successeur de Grégoire VII. Mais quand il arrive à Rome et voit l'ambiance qui y règne, quand il découvre que la ville est solidement tenue par les gardes de l'antipape Clément III, il dépose sa tiare et se retire à Monte Cassino.

Alors la comtesse Mathilde revient sur le devant de la scène. Elle part à sa recherche, elle le ramène de force à Rome. Ils occupent Saint-Pierre, tandis que l'antipape Clément III se réfugie dans la Cité léonine. La bataille s'éternise. Saint-Pierre est perdu et repris quatre fois. Rome est divisée en deux. Pour finir, Victor III, complètement dégoûté, rentre à Monte Cassino, où il mourra.

Après lui, les Romains choisiront l'évêque d'Ostie,

un Français, lui aussi venant de Cluny, et prônant la rigueur morale et l'Église absolue. Une fois au Vatican sous le nom d'Urbain II, il continuera à ne vivre que d'aumônes, et des vivres que les fidèles lui apporteront.

Mathilde n'a pas dit son dernier mot. Puisque les papes n'ont pas su triompher de l'empereur, elle va s'en charger elle-même.

Elle commence par faire alliance avec un de ses pires ennemis. En 1089, elle épouse le fils du duc de Bavière, Welf. Le jeune Welf a dix-sept ans, elle en a cinquante. Le couple n'est pas très bien assorti, mais cela ne fait rien. Avec la Bavière, c'est la famille rivale de l'empereur en Allemagne qui se dresse contre Henri IV. À eux deux, ils vont lui créer beaucoup d'ennuis dans l'Italie du Nord.

Cinq ans plus tard, elle a une idée géniale. Il faut trouver le point faible de l'empereur. Or son point faible, c'est sa famille. La « Grande Comtesse » conçoit alors un plan assez diabolique.

Elle a appris qu'Henri IV, préparant sa succession, a fait nommer son fils aîné, Conrad, roi d'Italie.

C'est elle qui organise la cérémonie, fastueuse, à Monza, près de Milan, où traditionnellement les rois d'Italie reçoivent la couronne de fer (celle qui passe pour avoir été faite avec les clous mêmes de la Croix du Christ). Le jeune homme est enivré. Pour lui, qui n'a jamais vu d'assemblée aussi brillante, c'est la gloire.

Puis, elle l'invite à Canossa, le reçoit comme un prince, le séduit, fait miroiter à ses yeux une autre couronne – d'or, celle-là – s'il se révolte contre son père.

Le pauvre garçon – il a à peine vingt ans et les Italiens

l'appellent par dérision « Cono » – tombe dans le panneau. Sa mère Praxedis, une princesse russe qu'Henri IV avait épousée en secondes noces, quitte à son tour son mari et rejoint son fils à Canossa. L'empereur et sa femme s'accusent mutuellement des pires turpitudes, le mot « prostituée » étant le plus doux des termes échangés à cette occasion. Sans autre résultat qu'un discrédit général.

Pour finir, le pape Urbain II convoque le petit Conrad à Crémone, et lui donne solennellement le titre d'empereur romain qu'il avait retiré à Henri IV.

Pour l'empereur, c'est le début de la fin. Le coup de grâce lui sera donné par la trahison de son deuxième fils, le préféré, le seul qu'il croyait fidèle, le futur Henri V.

La défaite d'Henri IV était totale.

Qui a dit que les femmes n'avaient pas leur place au Moyen Âge ? Héloïse – l'Amoureuse –, Aliénor – l'Artiste –, Mathilde – la Militante –, nous fournissent la preuve du contraire. Elles sont trois modèles humains exemplaires, la Passion, le Plaisir, le Pouvoir, trois types presque à l'état pur.

La vie de celle qu'on appelait la « Grande Comtesse » a finalement laissé peu de traces dans l'histoire, qui préfère ne parler que de ses « biens ». C'est dommage. Le personnage est plus grand que son rôle, comme il arrive souvent.

L'Église ne la compte pas parmi les saints, et elle a raison. Dante l'a mise au Paradis, et il a raison. Les raisons de l'Église et celles du poète ne sont pas les mêmes. Peu importe que Mathilde n'ait pas pratiqué le pardon des offenses, et que son histoire soit celle d'une vengeance. Peu importent aussi les dix dernières années, qui lui ressemblent si peu. Recluse en son château-citadelle de Canossa, ne pouvant plus monter à cheval, épousant ou adoptant des jeunes gens trop jeunes pour elle, qui cherchent tout de suite à se réconcilier avec le nouvel empereur. La vraie Mathilde, c'est la cavalière intrépide, fonçant avec ses éperons d'or à travers les collines de Toscane, d'Ombrie, ou d'Émilie pour porter secours à l'Église menacée. Alors, elle est à elle seule tout son siècle. Le douzième siècle vit au galop. Les papes sont toujours prêts à s'enfuir, déguisés en pèlerins, allant de ville en ville, emportant avec eux les destinées de l'Église. Rome certes, mais pas à tout prix. Les empereurs fondent comme des aigles sur l'Italie, passent le Brenner, remontent par le Simplon, redescendent par le Mont-Cenis, brûlant quelques villes au passage. Nous trouvons un Anglais au Vatican, un Français à Ostie, et tout le monde a été un jour ou l'autre se ressourcer à Cluny. Et Rainald von Dassel, futur chancelier d'empire, n'est encore qu'un troubadour à la cour d'Aliénor. On dirait qu'ils sont tous persuadés que la vie est brève, que le temps presse, que Dieu exige, et qu'il sera toujours temps de se reposer plus tard, quand ils seront au Paradis. Avec Mathilde.

À Rome, trente ans de déclin

La question des investitures n'était toujours pas réglée. C'est le fils d'Henri IV, devenu Henri V, qui se décidera à enterrer la hache de guerre. Cela se fit à Worms, où tout avait commencé, en 1122, et cela prit la forme d'un concordat entre l'empereur et le pape Calixte II. Henri V prenait l'engagement solennel « d'abandonner à Dieu, aux Saints Apôtres Pierre et Paul, et à la Sainte Église catholique, toute investiture par l'anneau et par le bâton ». Il s'interdit également de mettre obstacle soit à la procédure des élections, soit à la liberté de consécration. En contrepartie, Calixte II autorisait la présence du roi, ou de son délégué, à l'assemblée pastorale. L'évêque, librement élu, irait demander au souverain de lui accorder les biens et les droits formant le temporel de l'évêché.

Sagement, le mot « investiture » n'avait pas été prononcé.

On sait que les concordats ne durent que pour autant que les deux parties décident de les respecter. Mais, pour la première fois, les limites du spirituel et du temporel semblaient fixées.

Les trente années qui séparent le concordat de Worms de l'arrivée au pouvoir de Frédéric Ier sont une période de difficultés et de confusion pour la papauté et l'Empire.

Pour la papauté ces années d'instabilité s'expliquent en partie par le rythme rapide auquel les papes se succèdent. Cinq en trente ans, plus trois antipapes !

Le manque de précision et de clarté des règles d'élection du pape – qui allait déclencher le schisme de 1159 – et les rivalités entre factions romaines provoquèrent en 1130 l'élection de deux papes. Innocent II, considéré par le Saint-Siège comme le pape légitime, dut se réfugier en France pendant que son rival, Anaclet, régnait à Rome avec le soutien de Roger II de Sicile (car les Normands s'en étaient mêlés, ce qui avait, déjà, entraîné l'intervention de l'empereur du moment, Lothaire III). Le pape légitime ne revint à Rome qu'à la mort de l'antipape, mais fut capturé par le roi de Sicile, avant que Rome se soulève contre le Souverain pontife et constitue un gouvernement communal.

Au milieu de cette confusion, il fallait avoir de la personnalité pour s'imposer. Or sur les cinq papes qui se succèdent alors, peu avaient la stature nécessaire. Certainement pas Célestin II et Lucius II qui, de surcroît, n'ayant régné qu'un an chacun, n'auraient de toute façon pas pu faire grand-chose.

Ce qui au fond est admirable est que, malgré tout, la papauté ait réussi à poursuivre la réforme de l'Église engagée par Grégoire VII. C'est de cette époque que date par exemple le Décret de Gratien, première compilation du droit canonique, c'est-à-dire mise en ordre des textes qui allaient rester en vigueur dans l'Église jusqu'en 1917.

L'Empire affaibli

Du côté de l'Empire, les choses n'allaient guère mieux.

Comme son père, Henri V passa sa vie à empêcher son empire de disparaître. Après le concordat de Worms qui avait réduit ses prérogatives sur les évêques allemands, il ne pouvait plus compter, comme ses prédécesseurs, sur le soutien des princes de l'Église, qui lui devaient leur pouvoir et leurs richesses, pour faire face aux incessantes révoltes des princes allemands. En effet, le système féodal est en train de se rigidifier en Allemagne, ce qui fait perdre de plus en plus d'autorité à l'empereur. À sa mort, en 1125, l'Empire connaît une véritable crise féodale, le haut clergé et les princes se liguant contre lui.

Pour ne rien arranger, deux familles se disputaient le pouvoir impérial, les Welf (ou Guelfes) et les Staufen, surnommés « Waibling », du nom de leur château (qui a donné le nom Gibelins). Henri V étant mort sans enfant, les princes allemands, sous l'influence de l'archevêque de Mayence, écartèrent son neveu, Frédéric de Staufen, duc de Souabe, au profit du duc de Saxe, Lothaire de Supplinburg, que l'on pensait plus facile à manœuvrer.

C'était un homme âgé pour l'époque – il avait plus de cinquante ans –, pieux, mais bien moins docile que l'espéraient ses électeurs. Habile, sachant gouverner par compromis, paraissant céder pour mieux assurer ses positions, il réussit, non sans mal, à résister aux princes, alors même qu'il lui fallut intervenir en Italie en 1136 pour rétablir l'ordre, et à instaurer une coopération presque harmonieuse avec la papauté.

Se doutant que, face aux forces centrifuges qui le minaient, la partie était loin d'être gagnée pour l'Empire, il avait désigné son gendre comme héritier (il n'avait pas de fils). À ce gendre, Henri de Bavière, dit aussi Henri le Superbe, il avait donné le duché de Saxe et les biens de la comtesse Mathilde, lui assurant ainsi un immense territoire en pays germanique et italien.

Sans doute avait-il manqué de psychologie car, loin de pénétrer les princes allemands de respect, cette abondance de terres les inquiéta tant qu'en 1138, ils élirent un Staufen, Conrad III, qui s'était opposé au précédent empereur. Ce choix acheva d'affaiblir l'Empire, soudain partagé entre les deux factions rivales, les Guelfes et les Gibelins. La lutte entre les deux prétendants et leurs partisans allait durer plusieurs années. Dans le même temps, Conrad, peut-être pour retrouver une autorité qui était en permanence contestée en Allemagne, mena et perdit une croisade. Il allait se rendre en Italie pour se faire enfin sacrer empereur (près de quinze ans après son élection) et venir en aide au pape Eugène III qui avait quelques problèmes avec les Romains, lorsqu'il mourut subitement en 1152.

Avant de mourir, il avait quand même eu le temps de désigner son neveu, le duc de Souabe, Frédéric, comme héritier. Soit que Conrad ait réussi durant son règne à conforter l'idée impériale, soit que Frédéric ait fait preuve de l'habileté qu'il allait déployer une fois à la tête de l'Empire, il fut élu en trois semaines, sans contestation cette fois. Ceux qui l'avaient élu connaissaient pourtant sa réputation d'homme d'autorité et de décision. Le Saint-Siège n'allait pas tarder à découvrir qu'elle n'était pas usurpée.

Une tragi-comédie : la Deuxième Croisade

Nous venons d'évoquer d'un mot la croisade qui, entre 1147 et 1149, tint les deux souverains de France et d'Allemagne éloignés de leur pays. Il nous faut en dire un peu plus, car tout se tient dans l'histoire d'une époque, et l'on risque de ne rien comprendre à celle-ci, si on oublie ces deux phénomènes extraordinaires – dans le plein sens du mot – que furent les Croisades et les

Cathédrales. À elles deux, elles symbolisent à juste titre le Moyen Âge.

Les mentalités collectives ont autant d'importance, en histoire, que les personnalités individuelles.

Les rêves des peuples en ont autant que l'économie.

Il est vrai que les historiens préfèrent ne pas s'attarder sur cette « deuxième croisade », réservant leur talent pour nous raconter toutes les autres. On les comprend. Celle-ci fut en effet, du début jusqu'à la fin, l'expédition la plus lamentable qu'on puisse imaginer. Un désastre sur tous les plans, militaire, politique, et religieux. Il y a des échecs glorieux. Celui-ci fut plutôt du genre calamiteux.

C'est Louis VII qui en avait eu l'idée. Quand il reçut la nouvelle de la prise d'Édesse par les musulmans – c'était le 25 décembre 1144, mais il fallait des mois à l'époque pour qu'une nouvelle arrive en France –, il eut aussitôt l'idée de se croiser, comme on l'avait fait du temps de son grand-père, pour aller défendre le tombeau du Christ menacé par les Infidèles.

Roi très chrétien, mais plus chrétien que roi, Louis VII était un homme honnête, doux, pacifique, indifférent à la gloire, la sienne autant que celle du royaume, mais avant tout épris de dévotion. Il avait complètement oublié qu'un décret ancien faisait interdiction au roi de quitter son royaume, étant donné ses responsabilités, et envisagea très facilement d'en laisser la garde à son ami Suger, abbé de Saint-Denis, qui veillerait à tout en son absence.

D'ailleurs sa femme, Aliénor d'Aquitaine, qui avait l'intention de l'accompagner, voyait elle aussi d'un très bon œil cette expédition, mais pour des raisons différentes. Au moins, il allait se passer quelque chose. On ne peut concevoir un couple plus mal assorti. Elle aimait l'art, les fêtes, la poésie, les amours, et elle s'ennuyait à périr auprès d'un époux qui ne pensait qu'au salut de son âme.

« Je croyais avoir épousé un roi, disait-elle, et je me suis retrouvée au lit avec un moine. »

C'était une femme de la Renaissance, mariée à un homme du Moyen Âge.

Cependant il fallut patienter un peu. Une croisade ne pouvait être décidée que par le pape. Le pape était à ce moment-là harcelé par la commune de Rome, et saint Bernard – consulté chaque jour par le roi qui ne faisait rien sans son accord – estimait que le plus urgent était de rétablir l'autorité du pape.

Enfin Eugène III donna son accord. C'était au mois de mai 1146. Les préparatifs de la croisade purent commencer, et Bernard (il n'était pas encore saint à l'époque, même si par commodité nous l'avons appelé ainsi tout à l'heure), payant de sa personne, parcourut successivement toutes les régions de France et d'Allemagne pour enflammer les cœurs et recruter les volontaires.

Mais les incidents commencèrent aussitôt. Comme un mauvais présage ! En Allemagne, sous l'influence de quelques moines surexcités, la rumeur se répandit qu'il convenait de faire payer les frais de la croisade aux juifs, meurtriers du Christ. Il y eut des pogroms à Strasbourg, à Worms, à Mayence.

Apprenant cela, saint Bernard entra dans une colère terrible et apostropha ainsi les évêques :

« Ni les anges, ni les apôtres n'approuvent le meurtre des juifs. L'Église prie au contraire pour leur conversion et elle est assurée qu'à la fin des temps tout Israël sera sauvé. Ne touchez pas aux juifs. Ils sont la chair et les os du Seigneur. »

Au bout d'un an, l'expédition put s'ébranler. L'armée des chevaliers et des croisés prit la route, les Allemands en mai, et les Français en juin 1147.

Ils étaient, pense-t-on, aux environs de 70 000.

Du côté allemand, Conrad III emmenait avec lui son jeune neveu, Frédéric, un garçon d'à peine vingt ans, qui allait se révéler un chef de guerre incomparable, d'une témérité et d'une audace inouïes, que sa barbe blonde aux reflets fauves fit surnommer plus tard Barberousse.

(Ce surnom lui fut donné par les Italiens, qui ne le portaient pas dans leur cœur, et il n'est pas impossible que Barberousse soit une traduction inexacte de Barbarossa, qui voudrait dire Barbe-Rouge, comme nous avons notre Barbe-Bleue.)

Premier accroc. Pour arriver en Asie Mineure, il fallait transporter les troupes par bateaux, et les Grecs demandèrent un tarif si élevé pour le transport qu'il fallut abandonner une bonne partie des pèlerins, faute d'argent.

Arrivés en Anatolie, chacun avait son idée sur l'itinéraire qu'il fallait suivre.

Le résultat fut le même. Ils se firent battre, chacun de son côté. Les Allemands furent écrasés à Dorylée, perdant les neuf dixièmes de leurs troupes, les Français sur les pentes du mont Cadmos, le roi Louis VII lui-même échappant de peu au massacre.

En juin 1148, après avoir fait leur jonction, les deux souverains décidèrent d'agir de concert. Ils firent d'abord une petite tentative pour prendre Damas, y renoncèrent, et se replièrent sur Jérusalem où on fit les comptes. Il ne restait plus beaucoup d'hommes, et tout le monde tomba d'accord pour décréter la croisade terminée.

C'est ici que la pièce change de registre, et que le drame tourne au vaudeville.

À Jérusalem, il n'était question que de l'inconduite de la reine de France. Le moment était pourtant mal choisi.

Aliénor, ouvertement, s'affichait avec son oncle, le très séduisant Raymond de Poitiers. Mais on prêtait à la reine bien d'autres aventures. Elle devenait une Messaline. Certains chroniqueurs prétendirent même – comble d'horreur ! – qu'elle avait été la maîtresse de Saladin (il avait dix ans à l'époque !). Ce sont des bruits incontrôlables naturellement. Nous n'avons rien inventé avec notre presse à scandales.

Mais ce qui est sûr, c'est que le roi avait été trahi. Ses proches conseillers le lui répétèrent. Il n'était plus possible de fermer les yeux. La séparation était devenue inéluctable.

Pas le divorce, bien entendu ! Le divorce n'existe pas en pays chrétien. Mais le mariage peut être annulé si on réussit à démontrer la consanguinité des époux. Or, en cherchant bien, on finit toujours par en trouver quelques traces.

Tout le monde est maintenant parti pour regagner l'Europe. Que va faire Louis VII ?

Il reste.

À l'étonnement général, le roi qui a renvoyé les débris de son armée, le roi dont la France attend impatiemment le retour pour reprendre les affaires en mains, le roi décide de prolonger son séjour.

Pourquoi ? Pour faire un pèlerinage. Il veut en profiter pour visiter les Lieux Saints. Pendant huit mois, Louis VII va parcourir la Palestine, pendant que sa femme l'attend à Jérusalem. C'est seulement en novembre 1149 qu'ils reprennent tous les deux le bateau – plus exactement deux bateaux séparés, car ils ne font pas seulement chambre à part, ils font bateau à part.

À Rome, où ils s'arrêtent sur le chemin du retour, ils passeront quelques jours en invités du pape. Celui-ci, à qui l'on a tout raconté, et que cette situation afflige au plus haut point, a décidé de les réconcilier. Il leur a préparé une chambre. Une seule chambre, avec un seul lit ! Il exige de les y voir tous les soirs.

Rien n'y fait. Ce qui est fini est fini.

Mais les conséquences – que le roi Louis VII n'avait peut-être pas prévues – vont être considérables. Le temps nécessaire pour une séparation en bonne et due forme, Aliénor annonce son mariage avec le comte d'Anjou, le bel Henri Plantagenêt, arrière-petit-fils de Guillaume le Conquérant. Un garçon d'avenir ! Par son père, il possède l'Anjou, le Maine, la Touraine. Par sa mère, la Normandie. Et sa femme lui apporte maintenant l'Aquitaine. C'est-à-dire la moitié du royaume de France.

Vassal du roi de France, certes. Mais un vassal qui possède la moitié du royaume n'est plus tout à fait un vassal. C'est un concurrent.

Surtout si, peu après, ce vassal du roi de France devient roi d'Angleterre. Ce qui fut fait deux ans plus tard, en 1152.

La même année, un autre jeune prince, qui n'avait fait jusqu'ici qu'une courte apparition dans l'Histoire, devenait roi à son tour. En 1152, l'empereur allemand Conrad III, fatigué par cette deuxième croisade, quitte ce monde ingrat, et laisse la place au jeune Frédéric Ier dit « Barberousse ».

Nouvelle donne pour l'Europe chrétienne.

CHAPITRE II
LE PONTIFICAT D'ADRIEN IV
(1152-1159)

Frédéric entre en scène

Lorsque Frédéric est élu empereur, il n'a pas encore trente ans, mais, on l'a dit, sa réputation est déjà faite. Personne ne pense sérieusement qu'il se contentera d'un second rôle.

Il ne perd pas de temps : en écrivant au pape Eugène III pour lui annoncer son élection, il lui fait part de sa ferme intention de « rétablir dans sa force et son excellence premières la grandeur de l'Empire romain ». Le message est clair : il entend restaurer l'idée d'empire ; il n'envisage pas de n'avoir pas la primauté sur le pape.

En deux ans, il remet l'Empire au pas.

Il endigue les ambitions des princes allemands en entreprenant de récupérer les biens de la couronne accaparés par les vassaux et en réduisant les privilèges que certains seigneurs s'étaient arrogés sans la moindre légitimité, le tout sans hésiter à prendre des sanctions exemplaires.

L'une d'elles nous fait sourire, mais il paraît qu'elle fit une impression considérable. Elle rétablissait une des peines les plus anciennes du droit germanique, celle qu'on appelait la « harniscara » : elle consistait pour le coupable, à faire devant l'assemblée des juges un kilomètre à pied en portant un chien sur ses épaules. Dans la même année, onze seigneurs, parmi les plus importants de l'Empire, y furent condamnés. Cette humiliation leur parut insupportable.

Comme Frédéric n'est pas seulement un homme autoritaire, mais aussi un charmeur qui connaît les faiblesses des hommes, il achète, pour un temps du moins, la fidélité des princes susceptibles de contester son pouvoir en leur donnant, ou en leur rendant, duchés ou autres possessions.

Reprenant les vieilles recettes, il reconstitue le système ecclésiastique impérial qui, jusqu'au concordat de Worms, avait été le principal rempart des empereurs contre les princes laïcs. À cette fin, il fait une interprétation toute personnelle des dispositions du concordat de Worms, considérant par exemple qu'il est en droit de choisir l'évêque en cas de désaccord entre les électeurs. Ainsi impose-t-il au pape les hommes qu'il a choisis pour les diocèses d'Augsbourg (1152) et de Worms (1154). De même accorde-t-il à son gré les bénéfices temporels aux évêques élus. Si l'on sait qu'il les refusera à tel ou tel candidat, l'élection se trouve automatiquement compromise. Tant et si bien que dans la pratique aucune nomination ne peut se faire sans son accord. On voit ainsi arriver aux plus hautes fonctions de l'Église allemande des hommes selon son cœur, plus politiques que contemplatifs, plus guerriers que diplomates.

Le traité de Constance

Malgré son manque de respect pour le concordat de Worms, Frédéric, qui veut se faire sacrer rapidement, cherche à trouver un *modus vivendi* avec le pape. C'est dans cet esprit qu'il signe le traité de Constance le 23 mars 1153.

Tout donne à penser que ce pacte fut notamment négocié par un certain Rolando Bandinelli qui allait devenir Alexandre III six ans plus tard.

Il faut s'arrêter un moment sur ce traité qui tentait de répondre aux deux principales questions qui divisent l'empereur et le pape : la nature de leurs relations et les biens de l'Église. L'accord auquel étaient parvenues les deux parties ne les résolvait nullement, puisque ni le pape ni l'empereur n'en faisaient la même lecture.

S'agissant des biens de l'Église, l'empereur s'engageait à soumettre les Romains, toujours indociles, au pape et à l'Église. Pour le Saint-Siège, cette clause impliquait que l'empereur reconnaissait la souveraineté pontificale sur Rome. Frédéric n'en donnait évidemment pas la même interprétation puisque, du fait de son titre de « roi des Romains », il se considérait comme souverain de Rome. Par ailleurs, l'empereur semblait reconnaître les droits de l'Église sur le royaume normand avec lequel il s'engageait à ne pas signer de paix séparée et sur des territoires revendiqués par les Byzantins.

Le sacre de l'empereur par le pape constituait le principal lien entre les deux hommes. Pour le Saint-Siège, il ne faisait pas de doute que le pouvoir de l'empereur lui était conféré par le sacre, qui en faisait « l'avoué de la Sainte Église romaine », au sens donné à l'époque au mot « avoué » qui désignait le représentant laïc d'une institution religieuse. Au reste, on pouvait alors voir au Latran une fresque représentant l'empereur Lothaire III à genoux devant le pape pour recevoir la couronne de ses mains, geste classique du vassal devant son suzerain.

Si Frédéric accepta cette formule, comme il accepta de défendre « l'honneur du pape » et les « territoires de saint Pierre », c'est probablement parce qu'il voulait se faire couronner au plus vite.

Ce traité, qui semblait *a priori* bien plus avantageux pour l'Église que pour l'Empire, permit cependant à Frédéric d'obtenir satisfaction sur des points qui, à ce moment précis, étaient de la plus haute importance pour lui.

Il obtint d'abord du Saint-Siège que celui-ci entérine la destitution de l'archevêque de Mayence et de trois évêques qu'il avait prononcée de son propre chef (et en toute illégitimité) et la nomination des quatre hommes qu'il avait désignés pour leur succéder. Autrement dit, la papauté acceptait sans sourciller cette violation d'une règle pourtant considérée comme fondamentale par les réformateurs de l'Église.

Il obtint ensuite que le pape l'aide à régler ses problèmes conjugaux et autorise la dissolution de son mariage. Bien que rien ne soit très clair dans cette histoire, il semble bien que l'union de Frédéric et d'Adela von Vohburg, conclue à l'initiative de l'empereur Conrad III, ait été assez malheureuse. Pour la répudier, Frédéric fit valoir leur lien de parenté et la stérilité de son épouse, deux arguments classiques à cette époque. Force est de constater cependant que, d'une part, il avait le même degré de parenté avec son épouse suivante et que, d'autre part, une fois remariée, Adela eut plusieurs enfants. La plupart des historiens pensent aujourd'hui que c'est l'adultère commis par Adèle avec celui qui deviendrait son second mari qui provoqua la demande de répudiation.

Si Frédéric préféra passer l'adultère sous silence, c'était moins par vanité que par calcul et pragmatisme. À l'époque, l'adultère justifiait une séparation aux yeux de l'Église, mais non un divorce, ce qui aurait contraint l'empereur à demeurer sans épouse et donc sans descendance légitime. Pour un homme aussi acquis à l'idée d'empire dynastique, c'était inconcevable. Pour en terminer avec la vie conjugale de Frédéric, il prit une bonne décision en se remariant avec Béatrice de Bourgogne en 1156 car elle lui apporta en dot la Bourgogne et d'autres territoires qui représentaient une bonne partie de la France actuelle et lui donna dix enfants, dont huit fils.

Ayant réglé les problèmes au sein de l'Empire et avec l'Église, Frédéric s'apprêta à franchir les Alpes. Il avait deux objectifs : se faire couronner et mettre fin au scandale que constituaient selon lui les libertés communales de l'Italie.

Première expédition de Frédéric en Italie

Lorsqu'à l'automne 1154 l'empereur arrive pour la première fois en Italie, il trouve une situation pour le moins confuse. Les villes, dirigées par la bourgeoisie, sont en rivalité constante. À Rome, le pape Eugène III avec lequel Frédéric avait signé le traité de Constance est mort le 8 juillet 1153 et a été remplacé par Anastase IV, personnalité de moindre envergure, qui va du reste mourir à la fin de l'année 1154. Ce pape est lui aussi aux prises avec la commune de Rome, en conflit permanent avec l'Église.

Qu'est-ce qu'une commune ? Le gouvernement d'une ville par des citoyens ordinaires, élus parmi les représentants de la population, et qui ont décidé de retirer aux seigneurs, aux princes, aux évêques, l'administration de leur cité. En somme : des Républiques. Cela ne va pas jusqu'à la révolution. On n'exile pas les seigneurs, on ne jette pas les évêques en prison. Simplement, on leur enlève presque toutes leurs prérogatives.

Ce ne sont pas là des cas limités, quelques exceptions. Au contraire, presque toutes les villes de l'Italie du Nord sont désormais dirigées par des communes.

Avant de se répandre plus tard dans toute l'Europe, le mouvement communal est une révolte des citadins contre leurs autorités de tutelle. L'événement a commencé au début du siècle. L'Europe s'enrichit, et tout particulièrement les villes. Surgissent dans celles-ci une classe autonome, des habitudes semblables, des réactions similaires vis-à-vis des responsables traditionnels. On les accuse de n'être pas là souvent, de pressurer commerçants et artisans, en somme de mal gérer la cité. Partout, le rêve est le même : se débarrasser de ces nobles et de ces évêques prétentieux, établir en leur lieu et place des régimes neufs (mi-républicains, mi-dictatoriaux), et assurer enfin la prospérité de la ville. Programme, on s'en doute, qui n'est du goût ni des anciens seigneurs, ni surtout de Frédéric.

Frédéric espérait ne pas avoir à recourir à la guerre pour mettre de l'ordre dans tout cela. Il tenta d'abord de reprendre le contrôle par sa seule autorité. À Roncaglia, près de Plaisance, il convoque le 30 novembre ses vassaux italiens et les représentants des villes et les rappelle au droit de l'Empire. En un mot à la restauration du système féodal et impérial : au sommet, l'empereur ; en dessous, ses vassaux, les seigneurs qui doivent recouvrer tous leurs droits usurpés par les communes. On se doute que les villes, qui avaient fait l'expérience de la liberté, ne l'entendirent pas de cette oreille. Le recours à la force était donc inévitable.

De décembre 1154 à avril 1155, Frédéric prit d'assaut, incendia et rasa Rosate, Chieri, Asti et Tortone. Ayant montré sa détermination, il put alors entrer sans résistance dans Pavie, Parme et Bologne.

À Aix-la-Chapelle, le 9 mars 1152, quatre jours après son élection, Frédéric avait reçu la couronne d'argent des empereurs allemands. À Pavie, on lui avait donné la couronne de fer des rois lombards. À Rome, l'attendait la troisième couronne, la couronne d'or, qui ferait de lui véritablement le chef du Saint Empire. Mais où l'attendait aussi, car Anastase IV vient de mourir, un nouveau pape, Adrien IV.

Le seul pape anglais de l'histoire

Adrien IV vient d'être élu. Il a pris ses fonctions, il y a six mois, en décembre 1154. Nous ne savons pas grand-chose de ses origines, sinon cette particularité curieuse : c'est le seul pape anglais de toute l'histoire de l'Église. Il naquit sans doute entre 1110 et 1120 dans le Hertfordshire, très précisément à Abbot's Langley. Son père, Robert Breakspear, était pauvre. Au milieu de sa vie, il aurait abandonné sa femme et ses deux enfants pour devenir moine à l'abbaye de Saint-Alban. Nicholas, adolescent, postula lui aussi pour être admis à Saint-Alban. Les moines refusèrent. On ignore les raisons de cette rebuffade. En tout cas, Nicholas fut alors contraint de poursuivre ses études par ses propres moyens. Or il n'en avait pas.

D'où la décision qui allait orienter sa vie. Le jeune homme décida de franchir la mer et de tenter sa chance en France. Paris l'accueillit fort bien. Nicholas fut très vite considéré comme un étudiant particulièrement doué. Néanmoins, il continua à vouloir devenir religieux. Il partit dans le Midi, fréquenta divers couvents et finit par être accepté au monastère de Saint-Rulf-hors-les-Murs, non loin d'Avignon. C'est là qu'il prit l'habit. C'est en 1137, semble-t-il, qu'il est élu prieur, puis abbé en 1139. Quelques années plus tard, les choses se gâtent entre les moines et l'abbé. L'intransigeance de ce dernier en matière de mœurs, sa rigueur dans l'administration des biens de la communauté, provoquèrent une réaction hostile entre les moines et lui. Il lui fallut quitter le couvent. Le pape Eugène III intervint, le dégagea de ses engagements conventuels et l'attacha à sa personne. Puis il le nomme évêque d'Albano. Soutenu par Jean de Salisbury – dont il est devenu l'ami à Paris –, il accède au rang de diplomate de premier plan.

À cette époque, entre 1129 et 1160, une véritable révolution intellectuelle se déroule en France. On redécouvre les œuvres d'Aristote ; essentiellement la *Logique*, qui bouleverse les esprits. Pour la première fois, la « dialectique » est introduite dans la réflexion théologique. Jean de Salisbury, ami d'Abélard, achève en 1159 son *Metalogicus*. Pour l'époque, c'est presque un manifeste. Il lance en effet un avertissement à tous les nouveaux théologiens : « La Logique, écrit-il, si elle s'exerce seule, demeure vaine et stérile. Elle n'est d'aucun profit philosophique pour l'esprit si elle n'embrasse un objet autre qu'elle-même. » Ce bouleversement intellectuel – l'introduction de la Raison et de la Logique dans la réflexion sur Dieu – est cautionné pendant les dix premières années du mouvement par l'autorité de l'Église.

Eugène III confie à Nicholas Breakspear des missions importantes. En 1152, par exemple, il est expédié en Norvège comme légat, avec tous pouvoirs pour régler les différends qui opposent les évêques entre eux. Il réussit (en partie) et devient une figure légendaire parmi les chrétiens de Scandinavie. Finalement, Nicholas Breakspear, évêque d'Albano, succède à Anastase IV sous le nom d'Adrien IV.

C'est à cet homme encore jeune, mais doué d'un charisme évident et déjà plein d'expérience, que revient la double tâche de réprimer le soulèvement de la commune romaine et d'accueillir un nouvel empereur, qui semble bien décidé à obtenir ce qu'il veut et à imposer sa volonté.

Une victoire d'Adrien IV

Créée tardivement, en 1144, la commune de Rome est une des plus radicales. Elle a décidé de confisquer au pape les États de l'Église. Elle est animée, surchauffée, poussée aux extrêmes par un agitateur redoutable, Arnaud de Brescia.

Cette contestation n'est pas un phénomène nouveau. Depuis toujours, Rome a été une ville en constante ébullition, dont les mouvements d'humeur suffisaient à faire fuir les papes.

Le souvenir de la grandeur de leur ville tournait souvent la tête des Romains : selon eux ni le pape ni l'empereur n'avaient le moindre droit sur eux. Les empereurs avaient un moment exploité la vanité romaine. En 1061, le représentant de l'empereur Henri IV salue la noblesse romaine et qualifie les nobles de « pères conscrits », terme directement emprunté à l'histoire romaine. Lorsque le même empereur commence en 1081 le siège de Rome, il construit, hors les murs, une nouvelle Rome faite de baraques et de tentes. Il crée des centurions, des tribuns, même des sénateurs. Une manière d'honorer (ou de se moquer) du passé prestigieux de la ville. Mais, pour les citadins, c'est un rappel des temps glorieux. Il devient logique qu'un jour ou l'autre, les Romains exigent la reconnaissance de leurs droits. C'est en 1143 qu'ils réclament la renaissance du Sénat.

Et la population de Rome vit dans un rêve. Elle se souvient qu'un millénaire auparavant elle était une ville immense et riche ; la capitale d'un empire qui entourait la Méditerranée. Non pas une ville : la Ville, le centre du Monde. Oh ! ce qui subsiste dans la tête des Romains ne constitue pas une histoire bien assimilée. C'est un ensemble de résidus historiques, presque une légende. Une institution, en particulier, fascine les gens de la cité : le Sénat. C'est lui, pensent-ils, qui gouvernait Rome et régnait sur la République. Rétablir un sénat élu permettrait à la ville de limiter la toute-puissance du pape. C'est une vue de l'esprit. Mais elle va nourrir la colère du peuple romain contre les chefs successifs de l'Église et les grands seigneurs dont les familles dominent la ville.

Dès le lendemain de l'élection de Frédéric, les sénateurs lui avaient écrit pour lui proposer de lui donner la couronne impériale. C'était faire reconnaître par l'empereur la légitimité de la commune, en enlevant au pape ses prérogatives. Frédéric avait repoussé leur offre avec mépris, en leur adressant le message suivant :

« Pourquoi me vantez-vous la gloire de votre ville, la sagesse de votre sénat, la valeur de votre jeunesse ? Rome n'est plus dans Rome. L'antique gloire romaine, la majesté de la pourpre sénatoriale, la valeur et la discipline de l'ordre équestre, voulez-vous les revoir ? Regardez notre État. Tout cela est passé chez nous, avec l'Empire. Je suis votre maître légitime. »

Devant ce refus, la commune avait alors promulgué une constitution dite républicaine, qui devait permettre une gestion autonome de la ville. Adrien IV, qui venait d'être élu, refusa tout net de ratifier ce document qui aurait abouti à son élimination politique et spirituelle.

Le peuple en armes s'empara alors des palais des cardinaux, et y mit le feu. Le saccage généralisé tenait lieu de politique aux insurgés «républicains». En mars 1155, le cardinal Guido est agressé dans la Cité léonine, exactement sur la Via Sacra, par des émeutiers qui le laissent pour mort sur les pavés. L'annonce de cette mort fait un bruit considérable. C'est la première fois qu'on assassine un cardinal. Demain, pourquoi n'irait-on pas jusqu'à tuer le pape ?

En réalité, le cardinal Guido se remet de ses blessures. Mais, décidé cette fois à agir, Adrien IV frappa la ville d'interdit. Pour les habitants, c'est une double catastrophe : d'abord, le peuple romain ne pourra assister ni participer aux cérémonies de la Semaine sainte. La tradition et la foi sont directement menacées par cette mesure. Ensuite, les pèlerins ne pourront venir dans la ville. Or, ils constituent une manne financière qui, dès cette époque, enrichit les Romains. L'argent de ces visiteurs se déversera dans d'autres cités italiennes. Il y a de somptueuses semaines saintes partout. Le coup porté à la richesse de la Ville éternelle pourrait être décisif : qui sait si les futurs pèlerins, échaudés, ne décideront pas d'abandonner Rome durant les prochaines années ? Il faut convaincre Adrien IV de revenir sur sa décision. L'opinion publique bascule une nouvelle fois. La foule entoure le Sénat. Tout de suite, les sénateurs cèdent ; ils n'oublient pas que leur faible autorité vient justement de ce peuple romain insaisissable. Une délégation court chez le pape, le supplie, s'engage à chasser les hérétiques de la ville et de son territoire, à moins qu'ils ne fassent une soumission publique. Mais ce n'est pas suffisant pour Adrien IV. Profitant de son avantage, il impose une nouvelle condition. Il exige le renvoi du meneur, Arnaud de Brescia, et de ses partisans. L'expulsion est prononcée, et l'interdit pesant sur la ville est levée. Jamais, écrit le cardinal Boson qui raconte en détail cette aventure, les cérémonies de la Semaine sainte ne bénéficièrent d'une assistance aussi importante.

C'est une grande victoire pour le pape. Mais Adrien IV est un homme trop avisé pour se faire des illusions. Avec les Romains, il n'y a jamais que des victoires provisoires.

Le couronnement

Au moment où ces événements se déroulent, Frédéric n'est plus très loin de Rome. Il n'a aucune raison de s'inquiéter. Comme l'un des premiers gestes d'Adrien, après son élection, a été de demander à l'empereur le renouvellement du traité de Constance, Frédéric suppose qu'il pourra manipuler ce nouveau pape sans difficultés. D'ailleurs, il n'a pas promis de défendre les terres de l'Église contre une attaque étrangère, et a donc retrouvé une importante marge de manœuvre. La première rencontre avec le pape va lui montrer que les choses ne se passeront peut-être pas aussi facilement qu'il pouvait l'espérer.

Adrien IV s'est porté à sa rencontre et, le 6 juin 1155, il se rend en grand équipage à Sutri où se trouve le camp de l'empereur. Contrairement à la coutume, Frédéric refusa de manifester sa déférence au pape en prenant son cheval par la bride, comme un simple écuyer. Leurs relations s'annonçaient mal. Il fallut assurer le jeune empereur que ce geste n'avait pas la valeur symbolique d'une reconnaissance de la suzeraineté du pape, pour raccommoder les choses.

Adrien IV dut ne plus avoir le moindre doute sur les difficultés qui l'attendaient. D'autant qu'un premier incident avait déjà assombri leurs relations. Avant de se rendre à Sutri, il avait en effet envoyé une ambassade à l'empereur pour lui demander de rétablir les droits de l'Église sur le monastère de Farfa dont s'était emparé Frédéric sous prétexte qu'il avait jadis été monastère d'empire. Frédéric refusa de rendre le monastère.

Condamné à s'entendre avec l'empereur, Adrien IV convint avec lui des cérémonies du couronnement, seul moyen de pression dont disposait encore le pape. Cependant, le peuple romain n'ayant pas été informé au préalable de la cérémonie, qui eut lieu le 18 juin 1155, manifesta son courroux contre l'empereur dès que celui-ci eut été couronné par le pape. Le gouvernement communal était, selon lui, le seul habilité à le faire. La violence des milices romaines était telle que Frédéric et ses troupes ne purent même pas entrer dans la ville, et durent battre piteusement en retraite.

Le retour en Allemagne fut pénible, les communes italiennes galvanisées par l'exemple de Rome étant décidées à tendre des guets-apens aux troupes impériales. Ainsi, Frédéric dut-il au fidèle Otto von Wittelsbach de ne pas avoir été tué dans l'un de ces pièges tendus par les Véronais. En franchissant l'Adige, puis dans les défilés de Rivoli, on fut tout près de la catastrophe. Commencée de manière triomphale, la première expédition en Italie s'achevait lamentablement.

L'aventure d'Arnaud de Brescia

Qui était cet Arnaud de Brescia, qui fut sur le point de faire chasser définitivement les papes de Rome ? Une figure dans le siècle. Mal connu, certes, car il n'a pas laissé d'écrits. Mais quelques dates, quelques lieux, quelques faits suffisent à retracer un itinéraire et à faire revivre une personnalité. La sienne est la première d'une liste assez longue, où viendront s'inscrire d'autres noms, comme celui de Savonarole et – pardon d'oser l'écrire ! – celui de Martin Luther. On pourrait les appeler les politico-hérésiarques. Ceux qui ont fait trembler l'Église.

Né dans Italie du Nord, vers 1090. À vingt-cinq ans, il est à Paris, une ville en pleine effervescence intellectuelle. Tous ceux qui pensent, qui étudient, tous les philosophes et les théologiens (c'est la même chose à l'époque) vont à Paris, passent par Paris, donnent ou suivent des cours à Paris. La fièvre aristotélique enflamme les esprits. Et si la Logique menait à la Foi ? Dieu est-il au bout du raisonnement ?

Arnaud a-t-il fait partie de ces disciples d'Abélard, qui suivaient avec passion son enseignement sur la Montagne Sainte-Geneviève ? Ou s'en est-il au contraire détourné ? Car certains jugent avec méfiance cet engouement pour les Anciens. De Cluny, des voix s'élèvent : fréquenter ainsi les païens, c'est mettre sa main dans la main du Diable. À quoi bon ces savantes disputes, cette joie de lire les philosophes ou les écrivains du passé ? La vraie vie chrétienne, ce sont les trois « P » : Patience, Privation, Pauvreté.

Et la seule réforme qui vaille est celle de la morale, dont l'Église a bien besoin.

Cinq ans plus tard, Arnaud est de retour en Italie. Il est le père abbé d'un monastère augustinien, qui se trouve près de Brescia. Pendant une vingtaine d'années, on n'entendra plus parler de lui.

Et puis on apprend qu'il a été condamné pour hérésie, et qu'on lui a même demandé de quitter le pays. Commence alors une vie d'errance qui va durer cinq ou six ans. Sa réputation doit être bien établie, car il est à peine arrivé quelque part qu'on lui enjoint de s'en aller. Quelque chose en lui doit faire peur. Il a essayé de revenir à Paris : on le chasse. Il obtient d'un légat du pape à Zurich d'être accueilli en Suisse : les pressions sont telles qu'il faut partir. On perd ensuite sa trace pendant quelque temps, en Allemagne, où il a peut-être été caché dans un monastère, à moins qu'il n'ait vécu de leçons particulières. Mais en 1145, le voici qui reparaît, appelé à l'aide par la commune de Rome. Cette fois, il n'y a plus de doute. Arnaud est l'ennemi du pape.

Au moment où il arrive à Rome, la ville est à feu et à sang. Le pape Lucius II, à la tête d'une petite armée, a tenté de donner l'assaut au Capitole, où les sénateurs se sont enfermés avec leurs partisans. L'attaque a échoué. Blessé à la tête, Lucius a été transporté sur une civière jusqu'à l'église de Saint-Grégoire, mais il est mort sans avoir repris connaissance.

Son successeur, Eugène III, celui qui lança la Deuxième Croisade, était un ancien de Cluny. Persuadé au moins autant qu'Arnaud de la nécessité de réformer les mœurs de l'Église, il essaya pendant tout son règne de rétablir l'autorité du Saint-Siège. Mais aucun accord ne pouvait apaiser l'ardeur d'Arnaud, acharné à dénoncer les cardinaux et le pape lui-même comme des suppôts de Satan, ni satisfaire les sénateurs, qui avaient décidé de confisquer les États de l'Église, et rêvaient de restaurer la gloire de la Rome impériale.

Sans relâche, Arnaud poursuit ses discours réformateurs dans le mouvement politique. Il donne une épaisseur religieuse à la rébellion anarchique de la population. Il dénonce les cardinaux « pharisiens du peuple », le pape, « qui n'est pas un homme apostolique mais un homme sanguinaire ». Il ajoute enfin que les cardinaux et les religieux souhaitent mettre en servitude le siège de l'Empire, source de la liberté, Rome, la maîtresse du monde.

Cette fois, la liaison est faite entre la révolte communale, la prédication réformatrice et l'éloge de Rome, capitale de l'Empire. Arnaud de Brescia est à l'apogée de sa puissance.

L'aventure se terminera mal, on l'a deviné. Après dix ans de trêves conclues ou rompues, dix ans pendant lesquels le pape – Eugène III d'abord, puis Anastase IV, puis Adrien IV – passa plus souvent son temps à Viterbe qu'à Rome, tant la ville était devenue invivable, les deux adversaires, la commune et le pape, se résignèrent à chercher un accord. Arnaud fit les frais de cet arrangement.

Tout se passa très vite. La commune accepta de reconnaître le pape et le pape reconnut la commune. Mais à une condition : qu'Arnaud fût éloigné définitivement. Les sénateurs n'eurent aucun scrupule à le lâcher. Il partit vers le nord, pensant trouver refuge près de l'empereur allemand, qui se dirigeait vers Rome, où il venait se faire couronner. L'empereur n'avait aucun besoin de lui, le fit arrêter, remettre au préfet de Rome, qui le jugea et l'exécuta promptement.

Les circonstances de cette exécution ne sont pas connues avec certitude. Certains prétendent qu'Arnaud monta sur le bûcher avec une grande fermeté d'âme, et que ses cendres furent dispersées dans le Tibre pour éviter que sa tombe ne devienne un lieu de culte pour ses partisans. Il s'en trouva cependant quelques-uns, qui formèrent une petite secte : les « Araldistes ». Elle ne dura que quelque temps.

Arnaud de Brescia est un oublié de l'Histoire, comme beaucoup de ses pareils, ces porteurs de feu dont la violence nous attire et nous inquiète à la fois. Ils disparaissent sans que nous sachions vraiment s'ils étaient des mystiques ou des démagogues, si leur cœur était plein d'amour ou de haine, et si l'indignation qu'ils exprimaient avec une telle ardeur était autre chose que le masque de leur orgueil. Entre les criminels et les saints, la différence est parfois minime.

Une figure : l'abbé de Clairvaux

Le plus farouche adversaire d'Arnaud de Brescia, son implacable ennemi fut un moine français qu'on appelait Bernard de Clairvaux, du nom de l'abbaye qu'il avait fondée.

Arnaud de Brescia ! Bernard de Clairvaux ! Comment évoquer l'un sans parler de l'autre ? En dispersant les cendres du premier dans le Tibre, on a voulu effacer jusqu'à son nom. L'autre a été révéré dans toute l'Europe, et Alexandre III, à la fin de sa vie, l'a canonisé. C'est aujourd'hui un des plus grands saints de l'Église.

Mais, à travers leurs destins contraires, que de ressemblances ! Nous sommes saisis d'une admiration mêlée de crainte, et presque pétrifiés devant ces personnages démesurés, aux âmes de feu, d'une intransigeance totale, incarnant pour nous ce Moyen Âge des bûchers et des cloîtres qui a l'air d'un roc escarpé défiant le temps. Ils sont en tout cas de la même trempe.

Où Bernard avait-il connu Arnaud ? À Paris, en 1115, ou quand Arnaud y revint en 1139, après avoir été condamné comme hérétique en Italie ?

Toujours est-il qu'il parlait de lui en le traitant de « nouveau Goliath », et le dénonçait sans relâche. Quand le roi, sur ses instances, interdit à Arnaud de vivre en France, il écrivit au légat du pape en Suisse pour le mettre en garde contre cet homme « que Brescia vomit, que Rome abomine, que l'Allemagne maudit, que l'Italie a chassé ».

Bernard de Clairvaux ne comptait pas la tolérance parmi les vertus chrétiennes. Il poursuivait ses ennemis sans relâche. Il en fit autant pour Abélard, qui avait eu le tort de trop lire Aristote, et de penser que la Raison pouvait conduire à la Foi et faire bon ménage avec elle. Bernard n'était pas de cet avis. « Le monde est un mystère, disait-il, dont Dieu seul possède la clé. »

Tous les deux, Arnaud et Bernard, sont nés à la même date, vers 1090, et morts une soixantaine d'années plus tard, en 1153 et 1155 (c'est Bernard qui mourut le premier).

Entré à Cîteaux, un monastère près de Dijon, à vingt-deux ans, Bernard en partit trois ans plus tard. Il emmenait avec lui onze de ses compagnons. Ensemble, ils allèrent créer une autre abbaye dans un lieu désert, assez sinistre, sans route d'accès, entouré de forêts, parfaitement sauvage : ce fut l'abbaye de Clairvaux.

C'est aujourd'hui une prison, ce qui lui convient très bien.

En fondant à Cîteaux l'ordre des Cisterciens, Robert de Molesme, un bénédictin de la vieille école, prêchait le retour à l'austérité.

Mais, aux yeux de Bernard de Clairvaux, l'austérité n'était jamais assez rigoureuse. Pauvreté totale, jamais de viande, travaux manuels toute la journée, silence, telle était la règle qu'il entendait appliquer, cette fameuse « règle » qu'un moine du Monte Cassino nommé Benoît avait rédigée quelques siècles plus tôt.

Programme qui n'a pour nous rien d'exaltant, mais qui galvanisait ces âmes fortes. Dès son passage à Cîteaux, Bernard s'était révélé un formidable propagandiste. Dès qu'il ouvrait la bouche, tout le monde était retourné. Son père vient le voir : il prend la robe le lendemain. Sa mère lui rend visite : elle entre au couvent. Le frère du roi, intrigué par tout ce qu'il a entendu dire de lui, demande à le rencontrer : au bout d'une heure, il pose son manteau, va à la cuisine, et commence à faire la vaisselle.

Bernard est sévère avec l'Église. « Une belle façade, disait-il, mais à l'intérieur les enfants n'ont rien à manger. » Au pape, il reprochait de ne pas être assez exigeant. « Vous n'êtes pas seulement le pasteur de toutes les brebis, lui écrivait-il, vous êtes l'unique vicaire du Christ. »

Quand Eugène III décida de lancer la Deuxième Croisade, pour délivrer Jérusalem, où le roi français Baudouin était menacé par les musulmans, c'est à Bernard de Clairvaux que l'on demanda de haranguer les foules. Il leur parla du haut de la colline de Vézelay, haut lieu de la vie spirituelle, où l'on a l'impression, quand on passe devant la basilique dressée devant le ciel comme une prière de pierres, que ses paroles vont encore retentir.

Une chose nous étonne aujourd'hui : comment les réputations pouvaient-elles se répandre aussi vite, dans un monde où n'existait aucun moyen de communication moderne ? Pourtant c'est un fait que tout se savait très rapidement d'un bout de l'Europe à l'autre.

De partout, on ne cessait d'interroger Bernard. Les conciles et les rois faisaient appel à lui. Que faut-il penser de ceci, de cela ? Les cardinaux romains ont élu deux papes à la fois, Innocent et Anaclet. Lequel est le bon ? Lequel devons-nous soutenir ? C'est à Bernard qu'on demandait de trancher le débat.

Et Bernard de Clairvaux prenait la route, tout seul, ne voulant ni escorte, ni lieu d'accueil préparé, voyageant comme un pauvre pèlerin, dormant dans un monastère de passage ou dans une baraque de berger.

Comme il ne pouvait pas être partout à la fois, il donnait ses consultations par écrit. Sa correspondance est considérable. Il suivait en cela le conseil que saint Benoît donnait à ses moines d'écrire au moins une lettre par jour.

« Chaque lettre que vous envoyez, disait-il, est un

coup de couteau que vous donnez dans le ventre du Diable. »

Un conseil que nous avons bien oublié aujourd'hui (c'est peut-être pourquoi le Diable se porte si bien !).

On mesure, en lisant les lettres de Bernard, ce qu'est ce don inexplicable qu'est l'autorité. La sienne était sans limites. Il n'avait peur de rien, ni de personne, comme s'il se sentait investi d'une mission supérieure. Le ton sur lequel il parle au roi ne laisse aucun doute à ce sujet :

« Dieu sait combien je vous ai aimé, dès que je vous ai connu, et combien j'ai désiré votre honneur. Vous savez aussi avec combien d'efforts et de sollicitude j'ai travaillé, toute l'année dernière, à vous rendre la paix ; mais je crains bien de m'être donné près de vous une peine inutile, car lorsque vous recevez de bons et sages avis, vous les mettez aussitôt de côté avec une incompréhensible légèreté... Faites donc ce qu'il vous plaît de votre royaume, de votre âme, et de votre couronne. J'ai plaidé naguère votre cause auprès du Siège apostolique, presque jusqu'à blesser ma conscience et soulever contre moi l'indignation du Souverain pontife. Aujourd'hui, provoqué par vos continuels excès, je commence, je vous le déclare, à me repentir de l'inintelligente faiblesse qui m'a fait prendre part pour votre jeunesse ; et désormais je ne faillirai pas à la vérité. »

Cette charge intrépide, cette insolence cinglante, auraient fait la joie de Bernanos ou de Montherlant. Le style français est déjà là.

Mais cette véhémence n'a pas du tout la même origine que celle d'Arnaud. L'abbé de Clairvaux ne s'en prend aux individus que pour exiger d'eux davantage. Il ne cherche jamais à les détruire, mais à les grandir. Il les aide sans faiblesse.

Arnaud de Brescia ! Bernard de Clairvaux ! Deux traits rouges sur le noir Moyen Âge. Tracés d'une main qui ne tremble pas. L'un barrant l'autre. Comme une croix.

Le renversement des alliances : le traité de Bénévent

La mort d'Arnaud de Brescia, la frayeur des Romains à l'idée de l'interdit jeté sur la ville, tout cela permettait à Adrien de respirer. La révolte avait perdu son âme. Une trêve avait été conclue : le pape reconnaissait la municipalité, et la commune reconnaissait les droits du pape sur les États de l'Église. Adrien pouvait être content, il avait eu le dessus.

Mais il ne pouvait être que mécontent du comportement de Frédéric. Son départ précipité, la malheureuse retraite de ses troupes, ne faisaient pas bien augurer du « protecteur » de l'Église, qui s'était engagé à Constance à la défendre aussi bien contre les Normands que contre les Romains. C'était un homme sans parole, sur qui on ne pouvait pas compter. Comment ne pas comprendre dans ces conditions que le pape se soit senti dégagé de toute obligation envers l'empereur et qu'il ait écouté les cardinaux que l'on appelait « Siciliens », parmi lesquels le conseiller le plus influent était un certain Rolando Bandinelli. Ceux-ci préconisaient un rapprochement avec le royaume normand de Sicile, que le Saint-Siège avait toujours refusé de connaître auparavant, allant même jusqu'à excommunier le roi de Sicile ?

Le traité de Bénévent, qu'il signe avec le nouveau roi de Sicile Guillaume Ier, le 18 juin 1156, est la conséquence directe des événements qui viennent de se produire, et le premier signe pour Frédéric d'un probable renversement des alliances.

Ces sacrés Normands

Mais peut-être faut-il dire un mot auparavant de ces Normands de Sicile que le lecteur a rencontrés à plusieurs reprises dans ce récit, en se demandant sans doute – mais sans oser l'avouer, comme il arrive souvent quand on lit un livre d'histoire – qui pouvaient bien être ces Normands, et comment ils étaient arrivés là, au sud de l'Italie ?

Il n'y a pas d'erreur. Ce sont bien les nôtres, nos Normands de Normandie. À préciser toutefois que les Normands ne s'appellent pas ainsi parce qu'ils habitent la Normandie, c'est la Normandie qui s'appelle ainsi parce qu'elle est occupée par les Normands, c'est-à-dire des « hommes du nord ».

En réalité, les Normands ne sont rien d'autre que les Vikings, une peuplade nordique venue de Norvège et du Danemark, pratiquant une vieille religion germanique, l'Odinisme, et furieux contre Charlemagne qui avait refoulé leurs croyances. Infatigables voyageurs, ils naviguaient sur d'étranges bateaux plats qui filaient sur la mer comme des trimarans, arrivaient quelque part, formés en bandes, lançant des raids, vivant de pillages et de razzias, puis repartaient.

Au huitième siècle, le nord de la France leur avait plu

tout particulièrement. Remontant la Seine, ils allaient jusqu'à Paris, mettaient le siège devant la ville, et ne repartaient qu'après avoir obtenu un confortable butin.

Au lendemain d'une incursion particulièrement dangereuse, au neuvième siècle, le comte et l'évêque de Paris eurent l'idée de leur proposer un marché : vous devenez chrétiens et on vous donne cette jolie région qui vous plaît tant, et qui va de la baie de Somme à Rouen.

Ils acceptèrent. C'est ainsi que naquit la Normandie.

Mais les Normands ne tenaient pas en place. Ils étaient toujours attirés par l'aventure, d'autant plus qu'ils pratiquaient le droit d'aînesse le plus strict, et que par conséquent les fils cadets devaient se débrouiller tout seuls. Voilà pourquoi les Normands conquirent l'Angleterre et firent de l'un d'eux, Guillaume Ier, le premier roi d'Angleterre après la bataille d'Hastings.

Il leur arrivait aussi de louer leurs services comme mercenaires. Or, en Italie du Sud, plusieurs petits seigneurs, humiliés d'être soumis aux Byzantins, eurent l'idée de faire appel à des petits groupes de Normands pour venir les défendre. Ceux-ci réussirent assez bien à chasser les Byzantins, jusqu'au jour où un chef normand, Robert Guiscard, voyant plus loin que les autres, se demanda s'il n'était pas possible de rassembler toutes ces petites seigneuries et d'en faire un seul royaume qui serait à eux.

Quelque temps après, son frère Roger entreprenait, vers 1071, la conquête de l'ensemble de la Sicile. Palerme tombait entre leurs mains en 1072.

C'est en 1091 que le royaume avait été créé, sur un territoire jusque-là byzantin, que de son côté le Saint-Siège considérait comme terre d'Église, et Roger II, fils de Roger et neveu de Robert Guiscard, avait été le premier roi de Sicile. À Rome, on ne voyait pas d'un bon œil la constitution de ce royaume, même si l'on n'était pas mécontent d'avoir vu refouler les Byzantins. Quant à l'empereur allemand, il ne pouvait évidemment pas admettre qu'une partie de son territoire – puisque, selon lui, l'Italie tout entière était terre d'empire – fasse ainsi sécession. On avait atteint la perturbation maximum, lorsque Roger II, dans une Italie déjà bien agitée, s'était fait couronner roi en 1130, avec l'appui de l'antipape Anaclet II, puis en capturant le pape légitime, Innocent II, qui l'avait excommunié, l'avait obligé, pour lui rendre sa liberté, à le reconnaître comme roi de Sicile. C'est à la mort de Roger II que, par le traité de Constance, le pape et l'empereur s'étaient entendus pour ne pas reconnaître son fils, Guillaume le Mauvais, comme roi légitime. Ce qui n'avait pas empêché Guillaume de se faire couronner à son tour roi de Sicile, en février 1154.

En signant le traité de Bénévent avec Guillaume de Sicile, qu'il dut imposer au collège des cardinaux, le 18 juin 1156, Adrien IV mettait en œuvre un véritable renversement d'alliances. Ce traité avait été négocié par le principal conseiller d'Adrien, le cardinal Rolando Bandinelli qui incarnait le parti anti-allemand et prosicilien au sein du collège des cardinaux et dont nous allons bientôt entendre parler.

Chacune des deux parties faisait des concessions à l'autre : le pape reconnaissait la légitimité de Guillaume et levait son excommunication ; inversement, Guillaume reconnaissait la suzeraineté du pape et lui faisait hommage. Enfin et surtout, il promettait de soumettre

Rome et de défendre la papauté. L'Église de Rome avait changé de protecteur ; elle ne dépendait plus de l'empereur.

La diète de Besançon

Frédéric n'allait pas tarder à se rendre compte que le traité de Bénévent marquait un changement complet de la politique pontificale et que les hostilités étaient ouvertes entre lui et Adrien IV.

Fin octobre 1157, l'empereur réunit sa diète à Besançon, territoire que lui avait apporté en dot sa seconde épouse, Béatrice de Bourgogne. Le pape y envoya deux légats – le cardinal Rolando Bandinelli, chancelier de l'Église et futur Alexandre III, et Bernard de Saint-Clément – pour protester contre l'impunité de voleurs qui, en terre d'empire, s'étaient attaqués à l'archevêque et primat suédois Erskil de Lund. Il n'est du reste pas exclu qu'irrité par les projets de réorganisation de la province ecclésiastique du Nord, l'empereur ait été à l'origine de cette agression. Toujours est-il qu'il avait laissé faire et que le pape entendait réagir.

Sa réaction fut peut-être excessive. En effet, dans les lettres de créance remises à ses deux légats, le pape indiquait qu'il considérait les insignes de la couronne impériale comme un *beneficium* accordé par le pape. On se souvient que Frédéric ne connaissait pas le latin ; la traduction était faite par le chancelier de l'Empire Rainald von Dassel, personnage que nous retrouverons à maintes reprises dans cette histoire. Peu porté par nature au compromis, celui-ci décida de traduire le mot, sans doute ambigu, mais probablement choisi pour cette raison par Adrien IV et ses conseillers, par le mot allemand *Lehen* qui signifie, sans aucune ambiguïté, «fief». Rainald von Dassel aurait pu lui préférer le mot *Wohltaten*, signifiant «bienfait», ce que veut dire aussi le latin *beneficium*. Le terme, plus neutre, n'eût pas impliqué que le pape considérait l'empereur comme son vassal, c'est-à-dire comme tenant son pouvoir du pape. Mais Rainald von Dassel préféra toute sa vie jeter de l'huile sur le feu là où un autre aurait cherché à arrondir les angles...

La réaction ne se fit pas attendre, Otto von Wittelsbach – celui qui avait sauvé Frédéric lors de son difficile retour en Allemagne en 1156 – tira son épée contre les deux légats. Selon le chroniqueur impérial Rahewin, l'un des deux hommes aurait encore ajouté au tumulte en croyant nécessaire de préciser: «De qui l'empereur tient-il l'Empire, sinon du pape?» Les légats s'échappèrent à grand-peine et reprirent la route de Rome sans attendre.

Frédéric ne pouvait plus avoir de doute sur les intentions du pape: celui-ci n'entendait pas se soumettre à l'empereur. Pour le principe, l'empereur protesta contre les manœuvres de la Curie qui recherchait «la démolition de l'Empire», mais il était évident qu'il n'en resterait pas là.

La deuxième expédition en Italie

Quelques mois plus tard, au cours de l'été 1158, Frédéric Barberousse passa le Brenner avec des troupes importantes. Une seconde armée, commandée par

Henri le Lion, entra en Italie par les vallées de la Mur et de l'Isonzo et s'installa dans la plaine de la Piave. Une troisième traversa le Simplon pour rejoindre Novare et les rives du lac de Côme. Ces deux dernières armées se trouvaient donc face à Milan.

Frédéric avait en effet résolu de s'attaquer à Milan et aux Lombards dont l'indocilité avait mis sa patience à bout. Il avait regroupé toutes ses troupes en face de la ville rebelle ; quelque cent mille hommes, selon les historiens, chiffre considérable. Mais il y avait deux cent mille habitants dans Milan. Sans doute la plus grande ville européenne de l'époque. L'empereur exigea que Milan ouvre ses portes. Les Milanais refusèrent. Ils se savaient perdus, mais étaient trop fiers pour céder. L'assaut ayant échoué, l'empereur se contenta d'un blocus. Poussés par la faim, les Milanais envoyèrent un intermédiaire, le comte de Bianorate, qui réussit à négocier un compromis (18 septembre 1158) : Frédéric entrerait dans la ville, recevrait un serment de fidélité des notables et toucherait une indemnité de guerre importante ; en échange, les Milanais auraient la vie sauve, garderaient leurs remparts et leur administration autonome dans la limite des règles établies par l'empereur.

Afin d'enfoncer le clou, Frédéric convoqua une seconde assemblée à Roncaglia (11 novembre 1158). Là, sans doute conseillé par des juristes de Bologne formés au droit romain et byzantin, il déclara que les droits acquis ne tenaient pas devant les décisions de l'empereur, celles-ci ayant par nature force de loi. L'État, c'est-à-dire l'empereur, récupérait donc tous les droits, judiciaires et régaliens qui lui avaient jadis appartenu. Les « alleux », fiefs héréditaires, disparaissaient du droit applicable en Italie. Toutes les fonctions de suzeraineté étaient considérées comme propriété inaliénable de l'Empire. Pour en disposer, comme pour exercer légalement des fonctions électives dans les communes, il fallait avoir reçu au préalable l'investiture de l'empereur.

Cette décision constituait un retour en arrière non seulement pour les communes et les seigneuries, mais aussi pour l'Église : elle impliquait que tous les évêques qui en Italie administraient les terres de l'Église étaient les vassaux de l'empereur et que ce que l'on appelait le Patrimoine de Saint-Pierre était terre d'empire.

Certaines villes n'entendaient pas se laisser faire. Ce fut le cas de Gênes.

Le grand port ne veut pas se laisser entraver comme Milan. La ville proteste auprès de l'empereur. En même temps, elle élève de nouvelles murailles pour se protéger et embauche des mercenaires. Elle est consciente que les armées allemandes y regarderont à deux fois avant de se concentrer autour du grand port. Frédéric se rend compte du danger. Il décide de modifier sa stratégie : une guerre contre Gênes serait coûteuse ; un encerclement, dérisoire. Le port permettrait à la ville d'être ravitaillée de l'extérieur, peut-être même de recevoir des armes et du renfort. Donc, Barberousse se fait conciliant. Sans mesurer les conséquences de son recul spectaculaire. En effet, lorsqu'elles apprennent que Gênes a obtenu exemption d'impôt, liberté de commerce et autonomie politique, la plupart des villes lombardes dressent l'oreille. Il suffit peut-être de tenir tête à l'empereur pour s'apercevoir que c'est un tigre de papier. Analyse qui allait se révéler fausse, quelques années plus tard, à Milan ; analyse qui comportait une pointe de vérité qu'on découvrirait tout à la fin de l'épreuve de force.

Il semble qu'Adrien IV n'ait pas immédiatement saisi que les décisions de Roncaglia concernaient aussi les territoires de l'Église. Cependant, lorsque Frédéric envoya des inspecteurs dans les villes épiscopales, Rome compris, pour inventorier les biens qui seraient réincorporés à l'Empire, lorsqu'il fit élire son propre candidat à l'évêché de Ravenne et répondit sur un ton qui était au mieux de la désinvolture, mais plus certainement de l'insolence, aux protestations du pape, Adrien IV se rendit compte qu'aucun compromis n'était possible.

Le Saint-Siège soutint alors discrètement l'agitation des communes italiennes qui commençaient à se rebiffer, profitant de ce qu'imprudemment, Frédéric avait renvoyé en Allemagne une bonne partie de ses troupes. (L'entretien de cet énorme corps expéditionnaire coûtait cher et la grogne commençait à monter en Allemagne.) Le pape incita les Siciliens à entrer dans le jeu. Il allait utiliser son arme la plus efficace et excommunier Frédéric lorsque, soudain, à la suite d'une piqûre d'insecte, il mourut à Anagni le 1er septembre 1159.

CHAPITRE III
LA DOUBLE ÉLECTION
(1159-1162)

Une élection mouvementée

À la mort d'Adrien, Rolando Bandinelli est à son chevet, avec quelques-uns des autres cardinaux, ceux qu'on va désigner du terme de « Siciliens ». Première évidence : il faut donner une sépulture convenable à Adrien. Or Anagni est relativement éloignée de Rome. Adrien s'était réfugié une fois de plus dans cette petite ville pour éviter d'être arrêté par les bandes d'insurgés romains qui déferlaient dans les rues. Ceux-ci savaient que Barberousse allait marcher sur la ville ; ils lui expédient des émissaires pour obtenir l'appui de son armée. Que lui ont-ils proposé en échange ? Personne ne le saura jamais.

En tout cas, cette agitation sur les places de Rome avait contraint Adrien à se réfugier à Anagni. Aujourd'hui, le problème est différent : que faire de sa dépouille ? Les cardinaux « siciliens » suggèrent un enterrement sur place. Mais il est clair, pour tout le monde, qu'alors ce sera là que se tiendra le conclave ; c'est une règle non écrite, mais suivie depuis plusieurs siècles. Donc, les « impériaux » (c'est-à-dire les cardinaux favorables à l'alliance avec l'Allemagne), dont le groupe est dirigé par le cardinal Ottaviano, cardinal-prêtre de Sainte-Cécile, s'opposent à cette décision : la dépouille d'Adrien doit reposer à Rome, disent-ils. Ils s'engagent à ce que le voyage et la cérémonie ne soient troublés par personne. Multiples tractations : chaque camp soupçonne l'autre de préparer un traquenard ou un coup de force pour assurer l'élection de son candidat.

Finalement, Bandinelli accepte Rome. Comme cardinal-prêtre du titre de Saint-Marc et principal conseiller d'Adrien, il pèse davantage que les autres et emporte la décision. Après le schisme, les adversaires d'Alexandre III affirmèrent, sans être contredits, qu'en septembre 1159 le collège des cardinaux s'était mis d'accord à Anagni sur les modalités de la prochaine élection pontificale. Le futur pape ne pourrait être choisi que parmi les cardinaux et devrait être élu à l'unanimité, en vertu d'une tradition remontant au pape Symmachus Ier, c'est-à-dire au sixième siècle.

Si le groupe des cardinaux « impériaux » tenait tant à organiser la cérémonie à Rome, c'est qu'il pensait y avoir plus de chances, d'autant que deux hommes de l'empereur s'y trouvaient, Otto von Wittelsbach, que nous voyons ici apparaître une troisième fois et le prévôt de l'église d'Aix-la-Chapelle.

Une fois Adrien IV enterré, le conclave se réunit, le 7 septembre, dans la basilique Saint-Pierre. Ce n'est pas une réunion ordonnée. D'abord, l'église est pleine. À côté des cardinaux, se pressent les sénateurs de la ville, le chapitre et le clergé. Au-delà du portail, une foule s'amasse ; elle veut tout savoir, elle peut même être tentée d'intervenir si la décision lui déplaît. Sans compter les espions travaillant pour Barberousse. Ils sont partout, ce sont eux qui attisent par-dessous l'agitation de la ville ; tous les participants de ce conclave étonnant en sont conscients.

Le conclave commence par le plus facile : l'élimination de Bernard, cardinal-évêque de Porto, pourtant désigné sur son lit de mort par Adrien. Les deux camps l'avaient jugé trop léger. Les débats durent trois jours. On vote plusieurs fois : Ottaviano obtient neuf voix alors que Rolando en réunit plus de vingt. Ce n'est pas l'unanimité.

C'est à la fin du troisième jour que les partisans de Rolando, qui détiennent une confortable majorité, décident de négliger l'engagement d'unanimité. Puisque les partisans de l'empereur espèrent l'emporter grâce à la fatigue des membres du conclave, les « Siciliens » hâtent le mouvement : forts des voix qui se sont majoritairement portées sur Bandinelli, ils s'apprêtent à poser sur ses épaules le manteau pontifical. En effet, cet acte rituel donne un caractère définitif et public à la désignation.

Les cardinaux « impériaux » réalisent qu'ils vont perdre la partie. Ils se déchaînent. Ottaviano se rue sur Rolando et lui arrache le manteau ; un sénateur, favorable à ce dernier, reprend de force le vêtement. La nef de Saint-Pierre est remplie de clameurs. Ottaviano produit soudain une copie du manteau rituel dont il a pris soin de se munir et qu'il a dissimulée jusqu'à présent. Dans le désordre général, il l'enfile. Mais à l'envers. Personne n'en a cure. Ottaviano, suivi de ses partisans, ouvre les portes de la basilique, se précipite devant la foule, se fait reconnaître comme pape. Acclamations. Il entame un *Te Deum*. Une partie du public chante, l'autre envahit la basilique : il y a toujours quelque chose à piller.

De son côté, le groupe des cardinaux « siciliens » reste neuf jours enfermé dans la forteresse du Vatican avant d'être transféré dans une petite prison du Trastevere. Libéré trois jours plus tard par Oddo Frangipane, membre de l'une des grandes familles romaines, les cardinaux s'enfuient et se réfugient à Ninfa où, le 20 septembre, Alexandre III est consacré.

Les arguments des deux camps

On s'en doute, chacune des deux parties s'efforça de démontrer la régularité de son élection et l'illégitimité de celle de l'autre. Bandinelli, devenu Alexandre III, le fit dans l'encyclique *Eterna et Incommutabilis* et cinq cardinaux partisans d'Ottaviano, devenu Victor IV, par une lettre. Les copies de ces deux documents furent expédiées aux principaux évêchés et aux rois directement concernés. Tentons de les résumer.

Élément essentiel : le pacte d'Anagni. On l'a dit, il aurait été conclu par le collège des cardinaux au lendemain de la mort d'Adrien et prévoyait notamment que l'élection devait se faire à l'unanimité des votants. Cette clause avait été établie par le pape Symmachus Ier, mais avait été abandonnée depuis Nicolas II en 1059. La pratique voulait désormais que l'unanimité ne fût requise qu'au premier scrutin. S'il s'avérait impossible de réunir toutes les voix sur un homme, on recommençait les votes pour réunir une majorité.

Ce pacte a pesé sur les délibérations du conclave; au moins durant le début des travaux. En tout cas, le non-respect des clauses de cet accord constitue l'argument massue des victoriens: Alexandre n'a pu être désigné puisqu'il n'a pas été porté au Saint-Siège par l'unanimité du collège.

Alexandre ne pouvait bien sûr prétendre avoir été élu à l'unanimité, mais d'une part Victor IV ne l'avait pas été non plus, d'autre part Alexandre, ayant obtenu plus de voix (22 contre 4 à Ottaviano-Victor IV) que son adversaire, considérait avoir été élu conformément à la tradition de l'Église romaine et au droit canon qui, on l'a vu, n'excluaient pas l'élection du pape à la majorité.

Par ailleurs, Alexandre III faisait remarquer que, contrairement à la décision synodale de 1059 – celle-là même qui avait introduit la possibilité de l'élection à la majorité –, Victor IV ayant acheté les voix de ses partisans et ayant été soutenu par la force des armes, son élection n'était pas «pure, sincère et gratuite».

Il avait un troisième argument lié à la question du manteau sacré. Ce rite, dit «de l'immantation», achevait la procédure d'intronisation du pape dans ses fonctions. Il avait une signification considérable: en revêtant le manteau rouge pontifical, le nouvel élu indiquait de manière symbolique qu'il acceptait son élection et qu'il dirigerait l'Église avec toute l'autorité nécessaire. Ce rite était indispensable à la légitimité de l'élection.

Or Victor IV, qui était encore Ottaviano à ce moment-là, avait interrompu le rite en retirant le manteau des mains d'Alexandre. Cet acte autorisait

Alexandre à considérer son adversaire comme « schismatique et apostat ».

De son côté Victor IV développa ou fit développer les arguments suivants.

Le premier, évident, Alexandre avait ignoré le pacte d'Anagni qui excluait absolument l'élection à la majorité.

Le second était encore plus grave. L'entourage de Victor IV affirmait que les cardinaux siciliens – c'est-à-dire ceux qui allaient désigner Alexandre – s'étaient entendus entre eux pour n'élire qu'un des leurs.

Dernier reproche : les cardinaux favorables à Alexandre n'avaient pas respecté les effets de l'immantation et de l'intronisation de Victor IV, puisqu'ils avaient répété cette cérémonie sur la personne de Rolando Bandinelli « dans le château de Cisterna » douze jours après la désignation de Victor.

L'empereur propose son arbitrage

Frédéric Ier se garda bien de prendre position entre les deux hommes, même s'il ne faisait pas de doute que ses préférences ne pouvaient aller qu'à Victor IV qui défendait dans l'Église l'idée impériale. Habilement, il chercha donc à se poser en arbitre en déclarant qu'en tant que protecteur de l'Église, il avait seul qualité pour trancher le conflit.

Se réclamant de tous les précédents possibles, de l'empereur Constantin à Otton le Grand, il convoqua les évêques de l'Empire et des royaumes chrétiens voisins à un concile général à Pavie qui, sous sa présidence, devrait mettre fin au schisme.

Il envoya à Alexandre III deux évêques – celui de Verden et celui de Prague –, accompagnés de son habituel séide, le comte palatin Otto von Wittelsbach, pour le convaincre de se rendre à Pavie.

Alexandre les reçut très sèchement. Rappelant qu'un synode général ne pouvait être convoqué qu'avec l'autorisation du pape, il remarqua que le droit canon et l'autorité de saint Pierre ne lui permettaient pas de participer à une assemblée convoquée par l'empereur et de se soumettre à son verdict. Saint Pierre et l'Église romaine avaient reçu du Christ le privilège de trancher les problèmes juridiques de toutes les Églises et de n'être soumis au jugement de personne. Bref, ayant compris le piège, Alexandre III rappelait à l'empereur que le pape ne saurait lui être soumis.

Sa position fut soutenue peu après par les cardinaux de son bord qui demandèrent à Frédéric de renoncer à son idée de concile. Ils avançaient un argument non théologique ou canonique, mais politique celui-là : Ottaviano ayant déjà commencé à nommer de nouveaux cardinaux, le verdict du concile ne pourrait être que nul et non avenu.

L'empereur ne céda pas. Il réunit une cinquantaine d'évêques, venant presque exclusivement d'Allemagne et de Lombardie, dans la cathédrale de Pavie en février 1160 et y amena Victor IV, pape selon son cœur puisqu'il faisait passer les désirs impériaux avant les exigences canoniques !

L'affaire était entendue dès le début et Barberousse, qui se retira pour laisser les prélats délibérer, comptait bien obtenir une décision unanime. Malheureusement, quelques évêques allemands, dont Eberhard de

Salzbourg et l'évêque de Brixen, prirent parti pour Alexandre III. Ces faibles réticences auraient dû lui faire comprendre qu'il ne pourrait résorber le schisme selon ses vœux. Mais il se contenta de cet habillage juridique qui légitimait Victor IV et jetait l'anathème sur Alexandre III et ses partisans.

Un an, plus tard, en juin 1161, Frédéric convoqua un nouveau concile à Lodi qui confirma toutes les décisions prises à Pavie. Il faut noter que l'empereur fit confirmer par trois conciles différents l'élection de Victor IV, sans doute parce qu'il croyait qu'en multipliant les confirmations, il avait une chance de convaincre la chrétienté de la légitimité de l'antipape.

Le siège et la destruction de Milan

Retranché à Anagni, d'où il excommunia l'empereur comme persécuteur de l'Église le Jeudi saint 1160, le pape n'ignorait pas qu'il était à la merci de Frédéric et de Victor IV.

La Lombardie, Milan en tête, s'était soulevée lorsque les envoyés de l'empereur avaient tenté de mettre en œuvre les principes de Roncaglia. Le 16 avril 1159, les Milanais et leurs alliés avaient été mis au ban de l'Empire.

Revenu d'Allemagne avec des troupes importantes, Frédéric s'en prit d'abord à Crema, petite ville alliée de Milan qui résista jusqu'au 27 janvier 1160 et fut alors entièrement rasée. Milan allait connaître le même sort. Elle fut assiégée pendant près de deux ans. Les Milanais résistèrent avec un entêtement et une imagination qui étonnèrent l'empereur lui-même. Frédéric expédia un ultimatum aux défenseurs de la capitale lombarde : la ville devait se rendre, abattre ses murailles, et reconnaître le gouvernement impérial. Les assiégés refusèrent catégoriquement. Pourtant, ils ne se faisaient guère d'illusions ; ils ne pourraient résister encore longtemps. Inexact : la ville tint encore dix mois. C'est le 1er mars 1162 qu'elle capitule. Dans les formes.

Consuls et chevaliers de la grande ville précèdent un char funèbre. Tous avancent vers Lodi, où l'empereur les attend. Les officiers portent une épée nue autour du cou ; les notables et les bourgeois ont revêtu des tenues de pénitents. Tous tiennent une croix à la main. Frédéric les fait attendre, puis défiler devant lui. La scène est impressionnante. D'un côté, la cour d'Allemagne et les officiers supérieurs ; de l'autre, les vaincus, marchant le dos courbé. Quelques prélats appartenant à la suite de l'empereur interviennent auprès de lui pour qu'il se montre clément. Il n'écoute même pas. Il se borne à renvoyer les suppliants en leur disant qu'il rendra sa sentence dix jours plus tard.

Pendant ce laps de temps, il ne se passe rien : la ville vaincue demeure silencieuse. Le 15 mars, Frédéric se présente à la porte de la cité, entouré de ses officiers et de ses dignitaires. Pour que l'humiliation soit totale, des contingents lombards venus des villes ralliées à l'empereur – Lodi, Pavie, Novare – accompagnent cette cérémonie. Puis l'empereur prend la parole au milieu de la foule : à partir de maintenant, déclare-t-il, Milan n'existe plus. La ville sera démolie dans son intégralité par ses propres habitants ; ses ruines seront partagées en quatre parties qui seront livrées aux milices chargées de contrôler l'évacuation. Celle-ci doit commencer à l'instant même : vieillards, femmes et enfants quittent leur ville, emportant dans de petites charrettes ou sur leur dos leurs pauvres richesses. Le soir, la destruction systématique commence. Elle nécessitera six semaines. Maisons, entrepôts, églises, sont rasés. Frédéric avait hésité face à la cathédrale ; elle dominait la ville et était toute neuve. Ses tours s'élevaient à plus de cent mètres. Après réflexion, l'empereur condamne le monument. Il disparut avec le reste, et aujourd'hui encore, on ne sait trop où le situer. La destruction de Milan laissa de tels souvenirs qu'on racontait que, dans les décombres, pour se distraire, les soldats allemands jouaient aux boules avec les têtes de prisonniers égorgés.

Seules furent préservées quelques précieuses reliques, comme les ossements des Rois Mages, qui furent transportés dans la cathédrale de Cologne, où vous pouvez encore les voir.

Frédéric était désormais maître de l'Italie du Nord et y faisait appliquer la loi impériale, dépouillant entièrement de leurs libertés les communes qui lui avaient résisté. On abattait leurs murailles, on désignait des gouverneurs germaniques. L'empereur consentit seulement à signer deux compromis, l'un avec Pise, l'autre avec Gênes.

Les soutiens d'Alexandre III

Après avoir excommunié l'empereur et délivré de leurs obligations à son égard tous ceux qui lui avaient prêté serment, Alexandre III envoya des légats à tous les souverains de la chrétienté dans l'espoir de se faire reconnaître par tous ceux que ne pouvait qu'inquiéter la montée en puissance de l'empereur.

Rappelons que ce n'est en rien une mesure anodine dans ce monde où l'athéisme n'existe pas. C'est la plus forte condamnation que puisse recevoir un chrétien et, chrétien, Frédéric Ier l'était, même s'il entendait dominer l'Église. Cette mesure doit donc faire réfléchir les peuples sur lesquels règne le souverain excommunié, plus encore son clergé et enfin les autres souverains qui entretiennent des relations avec lui.

Notons que si Alexandre III est allé, dans deux des documents justifiant l'excommunication de Frédéric, jusqu'à dire qu'il n'était plus empereur, mais tyran, il n'a pas franchi le degré supplémentaire devant lequel Grégoire VII n'avait pas reculé face à l'empereur Henri IV : il n'a pas déposé Frédéric Ier. Ce pape canoniste et fin théologien ne souhaitait sans doute pas s'aventurer dans un domaine trop politique.

La démarche d'Alexandre III porta rapidement ses fruits. Au synode de Beauvais, en juillet 1160, les rois Louis VII de France et Henri II d'Angleterre se prononcèrent en sa faveur. En janvier 1161, il obtint également le soutien du roi d'Espagne. Si la Bohême s'est ralliée, sans doute pour des raisons politiques, à Victor IV, en Hongrie, les évêques optent pour Alexandre.

Dans son refuge d'Anagni, Alexandre découvrit progressivement qu'il n'était pas isolé. Une majorité d'évêques étaient en train de prendre position en sa faveur. C'était un événement bien plus considérable que la tragi-comédie des investitures parallèles. L'épiscopat choisissait, sans en être conscient, de ratifier un mode de désignation du pape qui n'avait pas de précédent canonique (la majorité imposant sa volonté à la minorité) ; il s'engageait en même temps contre la toute-puissance de l'empereur, il approuvait l'intention d'Alexandre : les princes ne pouvaient imposer leur volonté à l'Église. Donc, aussi étonnant que cela puisse paraître, les évêques étaient en train démocratiquement de définir les lignes et les structures de l'Église des siècles à venir.

Par ailleurs, non seulement les épiscopats de Grande-Bretagne, de France, d'Andalousie décidaient de soutenir Alexandre III, mais les très grands ordres – Templiers, Cisterciens, Hospitaliers – devenaient les uns après les autres ses soutiens déterminés : le cas des Cisterciens est, à ce titre, révélateur. Couvent après couvent, l'ordre avait choisi Alexandre, sauf les Allemands qui étaient divisés. En tout cas, le Chapitre général trancha contre Victor. Voilà les Cisterciens allemands empêtrés. Frédéric n'avait qu'une chose à faire : demeurer silencieux, les laisser discuter, tenter lorsqu'il le pouvait de les diviser. Mais l'empereur allemand manquait souvent d'intelligence politique. Il croyait à la menace, à la force. Il expédia donc aux Cisterciens une espèce d'ultimatum. Ou bien la communauté se ralliait au pape Victor IV, ou bien les couvents cisterciens seraient expulsés d'Allemagne. Ceux-ci n'attendirent pas l'arrivée des cavaliers de l'empereur ; ils empilèrent leurs maigres bagages dans des chariots, plièrent leurs habits les plus précieux et prirent le chemin de la France.

Autre succès important d'Alexandre. Le ralliement des Hospitaliers. On sait qu'ils étaient riches et puissants. C'étaient eux qui contrôlaient les liaisons maritimes entre l'Europe occidentale et les ports du Moyen-Orient. Or, durant les premières années du pontificat d'Alexandre, ce sont eux qui vont porter à bout de bras le pape et la Curie. C'est grâce à leur argent que le pape put organiser et développer le réseau de communications établi d'un bout à l'autre de l'Europe; lorsqu'un évêque ou une communauté hésitait, l'ordre des Hospitaliers facilitait la décision souhaitée par le Saint-Père. Celui-ci n'avait pas la moindre gêne: la communauté ecclésiale était dépourvue d'armée. Elle utilisait donc la seule force dont elle disposait: l'argent des grands ordres, qui servait à soutenir la foi.

La fuite en France

Ne pouvant plus compter sur l'Italie pour assurer sa défense, n'ayant qu'à moitié confiance dans le royaume normand de Sicile, Alexandre III décide de partir.

Il remet les pleins pouvoirs dans Rome à un cardinal en qui il a une pleine confiance, Jules de Palestrina. Puis, accompagné des cardinaux, il rejoint Terracine où quatre galères, frétées par le roi Guillaume, l'attendent. C'est là qu'il fête Noël, puis le 26, il embarque avec sa suite et ses archives. Objectif: sans doute Gênes. Mais il n'y parviendra pas tout de suite. En effet, dès la sortie du port, les bateaux sont pris dans une tempête. Impossible de résister au vent. Les quatre galères échouent sur des récifs. Il n'y a pas de morts, mais les bateaux sont inutilisables. Il faudrait des semaines pour les remettre à flot. Alexandre juge qu'il ne peut attendre. Il monte sur la barque de guerre de Villano, archevêque de Pise, et file vers le nord. Dans chaque port où il fait escale, il est acclamé. Pour ceux qui l'accueillent, il est le pape : Victor est ignoré. Les cardinaux qui ont trouvé des bateaux rapides rejoignent Alexandre à Bada. Le 21 février 1162, Alexandre et ses collaborateurs arrivent à Gênes. La municipalité et la foule leur font de nouveau un triomphe. Mais le pape n'a pas le temps de reprendre son souffle ; les troupes de Frédéric entrent à Milan. Les survivants s'enfuient dans les campagnes et dans les villes encore libres. Certains atteignent Gênes et décrivent l'horreur qu'ils ont vécue.

Curieusement, la première réaction du pape est de tenter un rapprochement avec l'empereur. Il charge Eberhard de Salzbourg de rencontrer Frédéric. En mars 1162, celui-ci franchit les Alpes, rejoint Milan. Il assiste à l'entrée spectaculaire des troupes de l'empereur qui défilent dans les ruines de la ville. Nous sommes le 26 mars. Le 30, Frédéric réunit un conseil religieux ; y participent deux cardinaux victoriens, douze évêques et de nombreux princes. On s'entretient de l'Église. Quand Eberhard prend la parole, personne ne lui fait le moindre reproche. Il choisit de ne s'adresser à aucun des victoriens. Il ne veut connaître que l'empereur. Son discours fut long et n'eut pas le moindre succès. Frédéric était en train d'achever la conquête de la Lombardie et ne songeait qu'à la Sicile. Pour lui, le temps des concessions n'était pas venu. N'empêche, Eberhard comprit que pour l'empereur la route du royaume normand passait par Gênes, le seul port où il pouvait s'emparer d'une flotte importante. Il en informa Alexandre.

Le Saint-Père n'était plus là. La municipalité de Gênes lui avait fait remarquer que la distance entre Milan et Gênes était courte. Le port n'entendait pas se défendre. Personne ne souhaitait un deuxième Milan. Les Génois lui offrirent trois galères et deux voiliers rapides. Ajoutons le bateau de l'archevêque de Pise. Le 25 mars 1162, la flotte pontificale quitta Gênes. C'était la veille de l'entrée des troupes impériales dans les ruines fumantes de la capitale lombarde.

CHAPITRE IV
L'EXIL EN FRANCE
(1162-1165)

Alexandre III débarque à Maguelonne

Alexandre III s'est embarqué à Gênes le 25 mars 1162 dans l'intention de passer en France.

On lui a promis qu'il serait à Maguelonne deux jours plus tard. Mais c'était sans compter avec les caprices du vent ; il soufflait de l'ouest. Ce qui ne facilitait pas la sortie du golfe de Gênes. On en était réduit à tirer des bords. Quarante-huit heures après le départ, on continuait à distinguer la côte italienne. Maguelonne semblait au bout du monde.

Alexandre avait décidé de rejoindre ce port parce que l'évêché de Maguelonne, qui dépendait de Montpellier, bénéficiait depuis Innocent II du patronage du Saint-Siège. Alexandre débarquerait sur une terre liée à Rome.

Le roi de France, souverain d'un territoire étriqué, coincé entre les possessions anglaises – l'immense fief d'Aliénor – et les marches de l'Empire, mais relativement riche, penchait pour Alexandre. Donc il ne lui refuserait pas l'asile ; si les choses se gâtaient, il resterait l'Angleterre, une espèce de marche vers l'ouest.

Il y eut une halte forcée, dans une des îles de Lérins. Le port était petit mais les marins réussirent à y faire entrer toute la flottille. Une fois de plus, la mer était en colère. Battue par le vent du nord, elle bouillonnait sous les yeux du pape et des cardinaux. Il fallait attendre. On était aux premiers jours d'avril : le début de la Semaine sainte. Alexandre décida de passer Pâques sur l'île. Un couvent et ses chapelles accueillirent ces étranges navigateurs. Très vite, la présence du pape fut connue. Il y avait déjà des curieux derrière Alexandre. Ils se transformèrent en pénitents lors du chemin de croix du Vendredi saint. Le matin de Pâques, ce fut une bousculade.

Le 11 avril, le pape, ses cardinaux et sa suite débarquent enfin à Maguelonne. Il n'est plus un fugitif. Au contraire. Il revêt sa chape rouge et les insignes de sa charge. C'est sur une haquenée blanche qu'il traverse Maguelonne, puis rejoint Montpellier où toute la population l'attend. Les comtes de Saint-Gilles et Guilhem VII, seigneur de la ville, lui rendent les honneurs militaires. Défilent alors les principaux seigneurs de la région : Trencavel, vicomte d'Albi, Hermengarde de Narbonne. Et pour faire bon poids, un représentant de l'émir des musulmans qui fait un discours et se prosterne devant le Saint-Père. À noter cependant l'absence de tout représentant du roi de France : manifestement, Louis VII reste prudent.

Alexandre ne veut pas qu'on le considère comme un homme aux abois, quémandant un refuge. Il désire que chacun comprenne qu'il est le chef de l'Église universelle, qu'il apporte sa majesté et son autorité déjà reconnues par des centaines d'évêques. Il ne demande rien : ce sont les princes qui l'aideront, le royaume qui l'accueillera, qui bénéficieront de sa puissance.

D'ailleurs, lorsqu'il chante la messe solennelle le dimanche suivant dans la cathédrale de Montpellier, la nef est pleine, la foule s'entasse aux portes de l'église. On peut dire que, dans un rayon de cent kilomètres, tous les évêques, princes et seigneurs sont venus le saluer et demander sa bénédiction.

Pour Alexandre, il faut battre le fer tant qu'il est chaud. Le 17 mai, il ouvre un concile dans la ville même qui vient de l'accueillir. Les archevêques de Sens, de Tours, d'Aix, de Narbonne et de nombreux évêques sont présents. Le pape renouvelle l'excommunication de Victor IV et de ses partisans ; comme s'il était le maître du jeu.

Pourtant, Alexandre ne se fait pas d'illusions. L'Italie passe progressivement sous la tutelle de Frédéric. Henri, roi d'Angleterre, et Louis VII de France se taisent.

Le roi de France hésite

En divorçant d'Aliénor d'Aquitaine, Louis VII a fait perdre de nombreux territoires à la France. Le roi d'Angleterre, second époux d'Aliénor, a mis la main sur ces possessions. De son côté en épousant l'héritière du duché de Bourgogne, Frédéric a acquis la souveraineté sur les territoires qui bordent la France au sud-est. Une telle situation est de nature à rendre prudent. C'est pourquoi, bien qu'il soutienne Alexandre III, Louis VII ne s'empresse pas à l'annonce de son arrivée en France.

Au printemps 1162, alors qu'il était en train d'imposer sa loi à l'Italie du Nord, Frédéric a adressé à Louis VII une lettre menaçante, l'avertissant que recevoir Alexandre ou l'un de ses « pseudo-cardinaux » déclencherait une guerre entre l'Empire et la France. Lettre d'autant plus menaçante que Louis VII savait que des pourparlers étaient en cours entre Allemands et Anglais.

Sentant les réticences du roi de France, Alexandre III avait renoncé à l'idée de lui envoyer ses cardinaux. Il dépêcha des cardinaux français à la cour du roi et envoya quatre lettres, destinées au roi, à ses conseillers et notamment à l'archevêque de Reims, Henri, frère de Louis VII, auquel il demandait d'intervenir en sa faveur.

Irrité par la démarche du pape, Louis VII se garde de l'informer de la lettre de l'empereur, mais envoie en Lombardie son beau-frère Henri de Troyes négocier un accord avec Frédéric. Louis VII avait-il l'intention de conclure à tout prix un accord avec l'empereur ? Le comte de Troyes outrepassa-t-il ses instructions ? Les historiens ne sont pas d'accord entre eux sur ce point. Il est vrai que l'une des interprétations fait passer le roi pour un benêt tandis que l'autre en fait un homme déloyal. Difficile de trancher dans ces conditions !

Ce qui est certain, c'est qu'Henri de Troyes et Frédéric convinrent d'une rencontre entre les deux souverains à Saint-Jean-de-Losne, à la frontière entre leurs deux États, où l'empereur convoquerait un concile. Chacun amènerait le pape qu'il soutenait et le schisme serait soumis à l'assemblée ecclésiale qui trancherait entre Alexandre III et Victor IV. L'accord comportait une clause essentielle : si l'un des deux prélats ne se présentait pas, l'autre serait considéré comme le pape légitime.

Frédéric n'avait pris aucun risque : il connaissait la position d'Alexandre III sur les conciles convoqués par l'empereur. Il savait que le pape ne viendrait jamais à Saint-Jean-de-Losne. Il tira parti de l'accord conclu avec Louis VII par l'intermédiaire d'Henri de Troyes pour convoquer les prélats allemands au concile en affirmant qu'il avait obtenu du roi de France l'assurance qu'il se rangerait du côté de Victor IV.

Quant à Louis VII, il persista à ne rien dire à Alexandre III. Cependant, l'archevêque de Reims, qui avait reçu la convocation de l'empereur, en avertit Alexandre tout en faisant de vifs reproches au roi son frère.

Une fois informé, le pape écrivit à Hugues de Soissons et à Henri de Reims pour les prier de montrer au roi les dangers auxquels il s'exposerait en allant au concile. Énervé de cette réaction – il se serait étonné « qu'ayant conscience de la justice de sa cause, le pape répugne tant à faire la preuve de son innocence » –, Louis VII se rendit à Souvigny pour y rencontrer le pape et tenter de le faire céder. Ce fut le roi qui céda : il se rendrait à Saint-Jean-de-Losne en compagnie de cinq des cardinaux d'Alexandre III, mais sans le pape. Tandis que le roi prenait la route de Saint-Jean-de-Losne, prudent, Alexandre III se rendit à Déols, monastère situé dans le diocèse de Bourges, c'est-à-dire sous souveraineté anglaise.

L'échec de la rencontre de Saint-Jean-de-Losne

Le roi de France y arriva le 29 août et attendit l'empereur qui se présenta la nuit suivante avec Victor IV. L'accord conclu entre l'empereur et le roi ne comportait aucune équivoque : en l'absence d'Alexandre III, Louis aurait dû reconnaître la légitimité de Victor IV. Mais il faut croire que ses entretiens avec Alexandre III lui avaient insufflé l'énergie de résister à Barberousse.

Il obtint de ce dernier un délai de trois semaines pour convaincre Alexandre de se présenter. Il aurait même laissé à l'empereur des otages, dont le duc de Bourgogne, le comte de Flandre et celui de Nevers.

Pendant que, croyant à l'engagement de l'empereur, Louis VII retournait supplier Alexandre de venir, Frédéric manifestait le peu de cas qu'il faisait de ses promesses. En effet, ayant compris après avoir vu Louis VII que le coup qu'il avait tenté ne marcherait pas, Barberousse en revint à sa ligne politique habituelle.

Comme à Pavie, comme à Lodi, Frédéric fit reconnaître Victor IV et condamner Alexandre par le synode qu'il avait convoqué. Il faut ajouter qu'à la différence des deux premières fois, Frédéric de même que Rainald von Dassel, son chancelier montraient leur mépris pour ceux qu'ils nommaient « les rois des provinces » qui avaient mis en doute le sens de l'équité de l'empereur alors même qu'ayant la souveraineté sur Rome, celui-ci avait compétence pour intervenir dans l'élection du chef de l'Église de Rome. Il était difficile de mieux exprimer aux rois de France et d'Angleterre le peu d'importance que leur accordait Frédéric.

Lorsque, au terme du délai de trois semaines, Louis VII revint, toujours sans Alexandre III, mais fermement décidé à ne pas s'en laisser imposer par Frédéric, ce dernier était parti, laissant derrière lui Rainald von Dassel, chargé de recevoir le roi de France.

Il y eut un échange assez vif entre les deux hommes au terme duquel il fut clair que Louis VII ne se sentait pas lié par l'accord conclu en son nom par le comte de Troyes et n'avait aucunement l'intention de se rallier à Victor IV.

Le changement d'attitude du roi de France aurait surpris von Dassel s'il n'avait pas su qu'il était dû au fait qu'une armée anglaise, conduite par Henri II, marchait vers la Saône. Ce qu'il ignorait peut-être, c'est que sa présence était due au patient travail diplomatique accompli par Alexandre III au cours des trois précédentes semaines. Celui-ci s'était employé à rapprocher Louis et Henri, que l'empereur s'était évertué à diviser, et avait convaincu le roi d'Angleterre, qui était le principal vassal du roi de France, de lui porter secours en cas d'attaque de l'empereur.

Le concile de Tours

En somme, le pape l'avait emporté grâce au réseau des évêques fidèles et en utilisant les sentiments d'hostilité que provoquaient dans toute l'Europe les volontés hégémoniques de Barberousse. C'est un procédé qu'il utilisera souvent. Il comprend très vite qu'il a emporté une première bataille contre l'empereur allemand. C'est à l'abbaye de Déols qu'il reçoit les félicitations d'Henri II et de Louis VII. Les deux souverains s'étaient déplacés. On décida une rencontre solennelle à Coucy-sur-Loire, au sud de Blois. Le pape et les deux chefs d'État firent établir des tentes somptueuses. Lorsque Alexandre monta à cheval, ils prirent l'un et l'autre une rêne de son coursier. C'était un très ancien rite d'hommage et de fidélité que les princes de haut rang rendaient au Souverain pontife. D'une certaine façon, grâce à la maladresse de Frédéric et à l'entêtement d'Alexandre, les deux rois de l'Ouest étaient – pour un temps – réconciliés.

À la fin de l'été 1162, Alexandre III pouvait légitimement penser que sa situation s'était renforcée : il pouvait compter sur le soutien des rois de France et d'Angleterre et sur celui de leur clergé. L'obédience de Victor IV se trouvait limitée à l'Empire et aux vassaux de l'empereur. Il eût été logique que Frédéric reconnaisse qu'il avait perdu des points, mais il s'entêtait encore à refuser de considérer Alexandre comme le pape légitime.

Le concile qu'Alexandre réunit à Tours en avril 1163 entérina sa position nouvelle. Il y avait tant de monde à ce concile que Louis VII dut donner des instructions pour stopper la hausse des loyers de la ville.

Les évêques anglais sont là eux aussi : Henri les a autorisés à franchir la mer, à se rendre en Anjou, contre la promesse écrite d'Alexandre qu'il ne prendrait aucune décision susceptible d'affaiblir l'autorité et l'indépendance de la couronne. À la tête des évêques anglais, le nouveau primat, Thomas Becket, qu'Alexandre traite avec un soin particulier, le plaçant à sa droite, dès la première séance du concile.

Lorsque le pape ouvre la réunion, il peut mesurer sa victoire : il y a là dix-sept cardinaux, cent vingt-quatre archevêques et évêques, environ quatre cents abbés, plus une foule de clercs. Peu d'évêques allemands ; mais plusieurs avaient prévenu le Saint-Père qu'ils étaient désormais avec lui.

C'est Arnould, évêque de Lisieux, qui prend la parole le premier. Pas le moindre aspect polémique dans son propos. L'orateur, qui s'exprime manifestement pour Alexandre, se tient délibérément à un niveau purement spirituel. Il s'agit, selon lui, de l'unité et de la liberté de l'Église ; la crise actuelle part de là, et ne sera résolue qu'à l'instant où la chrétienté, dans son ensemble, aura compris cette double exigence. Il insiste : deux menaces pèsent sur l'Église en cette deuxième moitié du douzième siècle. D'abord la montée des schismatiques dont l'influence s'accroît en Italie du Nord et dans le sud de la France. Ensuite, la volonté des grands. Arnould ne donne pas de nom. Au contraire, il ménage Frédéric. Ce sera d'ailleurs l'attitude générale du concile. Arnould, pourtant, avait tenu à être clair : « Si Frédéric n'avait pas préféré son propre avantage à l'honneur de Dieu, il serait le plus vaillant des princes par la prudence et la vertu. »

Pour qu'il ne puisse exister le moindre malentendu, Victor IV et ses partisans sont une fois de plus excommuniés. À ce moment du concile, Frédéric semble oublié. Manifestement, Alexandre se sert de cette réunion solennelle qu'il a convoquée lui-même pour que nul n'ignore désormais son autorité. Dans les jours qui suivent, il suggère à l'empereur une réconciliation progressive.

C'est un songe. Alexandre est toujours poussé par une double exigence : contraindre son adversaire à reculer – c'est en ce sens qu'il est fondamentalement dans le domaine temporel ; c'est un joueur d'échecs – et se réconcilier avec lui (par l'hommage, le pardon, voire la flatterie). Mais Frédéric, à ce moment-là de sa cavalcade, ne s'intéresse guère aux ouvertures d'Alexandre. Il ne répond même pas.

CHAPITRE V
LES CHEMINS DE LA SAINTETÉ : THOMAS BECKET (1162-1170)

L'affaire Thomas Becket

Après avoir vainement menacé Louis VII, Frédéric devait logiquement se tourner vers Henri II. Le menacer était plus difficile, il est loin de l'Empire, mais on pouvait le séduire. C'est ce qu'avait bien compris Alexandre lorsque, pour contourner le piège de Saint-Jean-de-Losne, il a fait intervenir Henri II. C'est aussi pour cela qu'il a tant soigné Thomas Becket. Mais celui qu'il pensait pouvoir intégrer dans son jeu diplomatique va bientôt devenir une cause de tension entre le pape et le roi d'Angleterre.

On ne peut pas comprendre ce roi si l'on ignore que sa mère, Mathilde, fille du roi Henri Ier, qui l'avait expressément désignée pour lui succéder, fut écartée de la couronne par les barons anglais qui lui préférèrent son cousin Étienne de Blois. Durant tout le règne de ce roi faible (1135-1154), les nobles et l'Église s'employèrent à réduire l'autorité royale. Le désordre général tourna à la guerre civile entre les partisans d'Étienne et ceux de Mathilde. Lorsque Henri II, que sa mère avait réussi à faire désigner comme successeur par Étienne, arriva au pouvoir, il était déterminé à rétablir l'ordre dans le royaume d'Angleterre et à réduire le pouvoir des seigneurs au profit de celui de la Couronne. Politique au fond assez proche de celle de Frédéric Barberousse. Sauf que chez Henri, qui avait vécu une guerre civile, le rétablissement de l'autorité royale avait quelque chose d'obsessionnel.

L'ami intime du roi

L'archevêque de Canterbury, primat d'Angleterre, lui ayant recommandé l'un de ses collaborateurs, Thomas Becket, Henri II le nomma chancelier en 1155. Avec son aide, Henri mena les réformes financières et judiciaires nécessaires à la consolidation du pouvoir royal. Thomas Becket n'était pas seulement un excellent ministre, il était vite devenu l'ami intime du roi et menait grande vie entre la chasse, les bals et la vie de cour. Tout donne à penser qu'Henri II avait une totale confiance en lui. C'est pourquoi, à la mort de l'archevêque de Canterbury, il le nomma à ces fonctions en 1162. Il avait en effet l'intention de poursuivre ses réformes en s'en prenant cette fois à l'autonomie de l'Église et notamment à sa juridiction spéciale. Il ne faisait pas de doute dans son esprit que Thomas Becket l'y aiderait.

À dire vrai, Thomas commença par refuser cette nomination, ce qui aurait dû inquiéter le roi. Lorsque, finalement, il accepta, il posa comme condition de démissionner de ses fonctions de chancelier, ce qui ne fut pas du goût d'Henri II.

Thomas Becket est la plus parfaite illustration du dicton selon lequel la fonction fait l'homme. Du jour au lendemain, cet homme qui aimait la frivolité et les plaisirs de la vie changea du tout au tout. Devenu chef de l'Église d'Angleterre, il devint non seulement extrêmement pieux, mais aussi son défenseur le plus acharné.

Il commença par établir des liens avec Alexandre III, ce qui n'était pas nécessairement ce que le roi attendait de lui. Ordonné prêtre le samedi 2 juin, Becket avait reçu la consécration épiscopale le dimanche de la Pentecôte, c'est-à-dire le 3 juin 1162. Or, dans les jours qui suivirent, il adressa au pape Alexandre une requête : recevoir le pallium qui prouverait sa fidélité à l'Église romaine et témoignerait que le pape avait approuvé son élection. À cette date, Alexandre venait tout juste de débarquer à Maguelonne et de s'installer très provisoirement à Montpellier. Pourtant, il prit à peine le temps de la réflexion. Dès juillet, il remit aux envoyés de Thomas le pallium demandé. Ce manteau symbolique arrivera en Angleterre début août. Le 10, Thomas le reçut à Canterbury : pieds nus, simplement revêtu des ornements pontificaux pour marquer sa déférence vis-à-vis d'Alexandre.

Des signes d'indépendance

Henri aurait pu voir dans cette démarche un signe clair de l'indépendance d'esprit de Thomas Becket. D'autant qu'autour de lui on commençait à murmurer contre ce primat flamboyant : la reine-mère Mathilde, entre autres, ne dissimulait pas qu'elle désapprouvait la désignation de Thomas au siège de Canterbury. Henri ne dit rien ; pour le moment, les rapports du primat avec ce pape mal connu n'étaient pas son problème.

La participation de Thomas au concile de Tours en avril 1163 avait une importance plus révélatrice : cette fois, le lien entre l'Église d'Angleterre et le pape devenait manifeste. La place, à sa droite, qu'Alexandre avait choisie pour Thomas ne laissait place à aucune équivoque. Pour Frédéric, c'était la preuve que l'Angleterre se rangeait contre Victor IV, donc contre lui.

Pourtant, c'est à Tours que se manifeste pour la première fois la rivalité entre Roger, archevêque d'York, et Becket, archevêque de Canterbury. Roger considérait que le prestige populaire de Thomas, la façon dont Alexandre l'avait accueilli, constituaient le signe visible d'une préséance du primat. En même temps, il estimait que l'antériorité de sa désignation à York devait lui donner la première place au sein de la hiérarchie ecclésiale. Le conflit prit de l'importance, puisque Roger éleva une plainte contre Thomas devant le siège d'Alexandre. Celui-ci s'en tira par une série d'arguments sans grande valeur. Il se refusa à trancher le problème de préséance et fit remarquer que l'exiguïté de l'église dans laquelle se déroulait la réunion du concile ne permettait pas de satisfaire aux subtilités de préséances. York s'inclina en apparence. Mais à partir de cette date, il ne cessera pas de multiplier les agressions feutrées contre Becket. Il allait progressivement devenir le principal soutien d'Henri lorsque le conflit entre les deux hommes allait s'ouvrir.

La charte de Clarendon

Le conflit s'ouvre sur la question mineure, en apparence, des compétences judiciaires. La règle traditionnelle veut que les accusés de crimes soient d'abord jugés par des tribunaux ecclésiastiques. C'est la pratique courante en Angleterre. Encore faut-il se souvenir qu'un Normand, le premier roi anglo-normand, n'avait jamais reconnu cette primauté de l'Église. En 1163, Henri s'élève, à partir de ce précédent lointain, contre cet usage et décide que ce sont les tribunaux laïcs qui, les premiers, rendront la justice.

Thomas proteste. Henri n'entend ni céder ni imposer sa propre volonté. Le 1er octobre 1163, il réunit dans l'abbaye de Westminster nobles et barons pour débattre du problème. Devant cette prestigieuse assemblée, il se dresse contre le laxisme des tribunaux ecclésiastiques ; vis-à-vis des clercs, par exemple, ils sont, dit-il, d'une indulgence coupable. À l'avenir, prévient-il, tout clerc dégradé par une cour ecclésiastique comparaîtra devant un tribunal laïc qui condamnera le coupable aux peines prévues par les lois du royaume. Le primat s'oppose publiquement à cette décision. Il se sait soutenu par la presque unanimité de l'épiscopat anglais. Pendant quelque temps, les choses en restent là. Mais Henri n'a pas désarmé. En janvier 1164, le roi réunit de nouveau nobles et évêques. À Clarendon, il fait connaître sa décision : les évêques devront désormais se soumettre aux coutumes du royaume établies au temps d'Henri Ier. Cette déclaration sans nuance provoque la colère de l'épiscopat. Il demande que le roi rédige, par écrit, le contenu de ces anciennes règles. Thomas Becket, dans un long exposé, appuie cette requête.

Les choses alors vont très vite. Le roi avait manifestement prévu cette objection : les clercs du roi sortent de leurs dossiers une charte en seize points qui répertorie les nouveaux engagements de l'épiscopat. C'est un acte de soumission qu'on demande aux évêques anglais. Thomas refuse. Mais plutôt que de s'opposer à l'ensemble du document, il cherche à séparer ce qui est acceptable de ce qui ne l'est pas.

Tenons-nous en à ce qui lui paraît scandaleux : il n'accepte pas le contrôle des élections épiscopales par le roi ; il estime inaliénables les biens de l'Église, « patrimoine des pauvres du Christ ». Il rappelle la primauté du pouvoir spirituel qui ne permet pas à un évêque de comparaître devant l'assemblée du royaume pour y subir la volonté du roi. Enfin, il refuse toute mise en question du siège apostolique.

Cette énumération permet de comprendre le véritable enjeu. Si les seize points de Clarendon avaient été acceptés tels quels, l'Église d'Angleterre serait devenue, dès cette époque, une institution à part. Les liens existant depuis l'évangélisation avec le successeur de Pierre se seraient très vite relâchés. Henri prend acte du refus de Thomas. Il constate que l'ensemble de l'épiscopat soutient le primat. Avec sagesse (et ruse), il feint de reculer. Mais à partir de cette date, il éprouve pour son ancien ami une véritable haine. C'est peut-être ce jour-là qu'il décide qu'il faudra s'en débarrasser.

Les hostilités sont déclarées en octobre 1164 au château royal de Northampton, où Henri a réuni une nouvelle fois l'assemblée de la noblesse et des évêques. Dès l'ouverture, on apprend qu'un officier du roi porte plainte contre Becket. La cour ecclésiastique, présidée par le primat, avait refusé d'accorder à Jean le Maréchal un manoir dépendant de l'archevêché. Bien sûr, c'est un prétexte ; derrière l'officier, il y a le roi. Thomas, prudent, présente ses excuses. C'est insuffisant pour Henri. Il fait condamner l'archevêque, par défaut, pour n'avoir pas tenu compte des actes de Clarendon.

Au moment où l'énoncé du jugement va être lu devant l'assemblée, Thomas se présente à la porte du sanctuaire. Chacun tourne la tête et beaucoup se lèvent. Le primat a revêtu les ornements pontificaux et sa croix archiépiscopale ; il veut que chacun sache qu'il n'est pas là en tant que personne privée mais comme représentant de l'Église. Le roi, les juges, les barons, se taisent. Thomas prend la parole : le jugement de la cour royale est illégal, contraire aux règles de l'Église.

Le roi continue de se taire. Mais chacun entend le bruit fait par les officiers et les soldats qui, sur ordre, envahissent le château. Thomas sait qu'il lui faut agir vite, que sa vie est en jeu. Il fait appel solennellement au siège apostolique. C'est son droit strict et Henri ne l'ignore pas. Le roi hésite à faire arrêter le primat devant la noblesse et l'épiscopat.

Becket condamné s'enfuit en France

Thomas sort de Northampton sans être inquiété, acclamé par une foule de paysans et de clercs. La nuit tombée, le primat quitte la ville et, accompagné par quelques clercs, galope jusqu'à la mer et embarque sur un bateau qui l'attendait. Le 2 novembre 1164, il débarque à Gravelines et reprend sa route vers le sud. Gravelines, en effet, est sur les terres du comte de Boulogne, allié d'Henri.

C'est une course. Henri a dépêché des ambassadeurs exceptionnels – Richard de Lucé, grand justicier et archevêque d'York, assisté de quatre évêques opposés à Thomas : ceux de Londres, Exeter, Worcester et Chichester. Leur rôle ? Dissuader le comte de Flandre et surtout le roi de France, de donner asile à Thomas. En même temps, ils devaient demander son extradition au nom du roi Henri. Enfin, ils étaient chargés de rencontrer le pape Alexandre dans sa résidence de Sens, où il réside depuis 1163, pour lui faire part du texte des suffragants de Canterbury qui s'opposaient à leur métropolitain.

Ce fut le premier échec spectaculaire d'Henri II. Partout, ses envoyés arrivèrent avant Thomas : mais chaque fois, ils furent éconduits avec courtoisie : le roi d'Angleterre ne disposait d'aucune autorité en France. Louis VII alla jusqu'à se porter à la rencontre de Thomas à Soissons. Un ami du primat, Herbert de Bosham, avait en effet informé le roi de France et le pape de la tentative d'arrestation de Becket.

C'est donc à Soissons que Louis accueille l'exilé. Il lui offre en public l'hospitalité dans son royaume. Ce n'est pas encore assez pour Thomas. Il souhaite rencontrer le pape, car c'est lui, et lui seul, qui peut trancher le différend juridique né des actes de Clarendon.

Le grand jeu diplomatique

Il était nécessaire de rappeler ces circonstances pour mieux comprendre que Becket allait devenir un enjeu diplomatique.

Alexandre reçut l'archevêque de Canterbury à Sens. Il condamna les deux tiers des articles rédigés par le roi d'Angleterre, releva Thomas de sa promesse d'observer cette constitution. Enfin, le pape enjoignit à l'archevêque de ne jamais s'engager à l'avenir « sans réserver l'honneur de Dieu et de son ordre ».

Thomas souhaitait remettre sa charge entre les mains du pape, mais celui-ci refusa : l'archevêque resterait le primat de l'Église d'Angleterre. Alexandre lui gardait sa confiance.

Ne pouvant retourner en Angleterre, Thomas trouva refuge à l'abbaye cistercienne de Pontigny en novembre 1164. Il allait y rester jusqu'en novembre 1166.

En réalité, Alexandre ne le soutient que du bout des lèvres, car il ne peut s'aliéner Henri II dont le poids politique et le soutien financier sont indispensables à la poursuite de sa lutte contre l'empereur pour la suprématie de l'Église.

Frédéric comprit très vite le parti qu'il pouvait tirer de la situation. L'empereur et le roi d'Angleterre avaient un intérêt commun à réduire le poids de l'Église. Dans un premier temps, du moins, ils pouvaient s'entendre.

En avril 1165, il envoya Rainald von Dassel, son homme de confiance, conclure une alliance avec Henri II. Il conclut à Rouen avec le roi d'Angleterre une double promesse de mariage : Mathilde, l'une des deux filles d'Henri, épouserait le duc de Bavière Henri le Lion (le mariage se fit, ce qui, comme on le verra, se révéla contraire aux intérêts de Frédéric) ; la seconde, Éléonore, était promise au fils de Frédéric alors âgé de neuf mois (ce mariage-là ne se fit pas, car le petit Frédéric mourut à l'âge de six ans). En Angleterre, où il se rendit ensuite, Rainald von Dassel obtint des Grands du royaume leur soutien aux deux mariages et à un changement d'obédience.

La mort de Thomas Becket

Bousculons pour l'instant la chronologie des événements afin d'en terminer avec l'affaire Thomas Becket.

Après bien des péripéties où l'intransigeance du roi d'Angleterre n'avait d'égale que celle de l'archevêque de Canterbury, on les croit définitivement réconciliés après la rencontre de Fréteval, près de Vendôme, en juillet 1170 où, devant une foule enthousiaste, le roi et le prélat descendent de leur monture et se serrent la main. Puis ils reviennent au milieu de l'assistance, et Henri s'engage devant tous à rendre à Thomas son église, les biens qu'il avait saisis. De plus, il promet de le restaurer dans ses droits. Enfin, il demande à l'évêque de le bénir. Le primat consent. En apparence, la paix est faite.

Très vite, Thomas réalise qu'il a été joué. Henri n'a pris aucun engagement réel. Alexandre, à la demande du primat, dénonce la tricherie du roi. La trêve de Fréteval a vécu.

Becket joue le tout pour le tout. Il retourne en Angleterre.

Alors, c'est une marche épuisante et triomphale. Épuisante parce que Henri multiplie les obstacles sous les pieds du légat. Celui-ci est, en effet, accueilli par des hommes en armes ; en même temps, les évêques demandent à Alexandre de lever les excommunications déjà prononcées. D'ailleurs, les évêques sanctionnés prennent la fuite et passent en Normandie pour sauver leur vie. Tous considèrent que Thomas va sévir. C'est à ce moment qu'Henri aurait prononcé la fameuse phrase : « N'y aura-t-il donc personne pour me débarrasser de ce clerc outrecuidant ! »

Marche triomphale cependant. Thomas ignore cette formule qui va armer le bras de son futur assassin. Il marche vers Canterbury au milieu d'une population en liesse : on le considère comme un libérateur et même un saint. On pense qu'il va contraindre le roi à adoucir les mesures policières qui pèsent sur le royaume. Qu'importent les gardes armés, et sans doute les tueurs, camouflés le long du cortège. Thomas est certain qu'Henri n'osera pas agir devant cette foule enthousiaste. Pour le primat, c'est une espèce d'entrée à Jérusalem.

Le rideau peut se lever sur le dernier acte. Le mardi 29 décembre 1170, quatre chevaliers appartenant à l'entourage du roi arrivent à Canterbury. Un clerc acheté permet aux conspirateurs de pénétrer dans le palais épiscopal. Celui-ci est toujours ouvert pour accueillir les voyageurs et les pauvres. Le primat se sent en confiance au milieu de ses clercs. Les assassins entrent dans la salle et coupent la parole à Thomas : « Comment a-t-il osé excommunier des proches du souverain ? » crient-ils. Les amis de l'archevêque, inquiets, le pressent de passer dans la cathédrale et de faire barricader la porte. Thomas accepte et passe dans la nef où de nombreux moines sont en prière, attendant les vêpres. Mais il refuse que l'on barricade les portes : tout le monde a le droit de venir se recueillir.

Les agresseurs passent eux aussi dans la nef et, sans respecter le lieu, sans tenir compte de la présence des moines horrifiés, plantent leurs épées dans le corps de Thomas Becket.

Les moines ensevelirent Thomas dans la crypte de la cathédrale. Ils ne doutaient pas – comme bientôt les continentaux – que Thomas était mort pour la liberté de l'Église anglaise.

Henri II ne tarda pas à se réconcilier avec l'Église. D'abord à Avranches en 1172, puis, après la canonisation de Thomas Becket, le 21 février 1173, quand Alexandre obtint du roi d'Angleterre qu'il fasse un pèlerinage expiatoire à Canterbury le 12 juillet 1174. Il fit pénitence publique sur la tombe de son ancien ami et, semble-t-il, s'y flagella pour montrer sa contrition, prix de sa réconciliation définitive avec Alexandre III.

CHAPITRE VI
ROME, VILLE FERMÉE
(1165-1168)

L'antipape Victor IV est mort le 20 avril 1164. Sa disparition aurait pu mettre fin au schisme. Frédéric avait en effet l'occasion de faire la paix avec Alexandre, sans doute même à des conditions favorables.

Mais il y avait dans son entourage un homme totalement hostile à toute réconciliation avec le pape, Rainald von Dassel.

Le rôle déterminant de Rainald von Dassel

Il est temps de parler un peu de ce personnage de premier plan, qu'aujourd'hui seuls les historiens connaissent encore. Né vers 1120 dans une famille aristocratique de Basse-Saxe, il avait fait des études très poussées, notamment à Paris. Prieur de différentes églises, il fut introduit à la cour impériale par l'abbé Wibald de Stavelot. Il fit ses preuves, notamment comme diplomate dans les négociations avec Rome, et fut nommé chancelier de l'Empire, puis archichancelier pour les affaires italiennes en 1159.

Cet homme d'Église – il fut archevêque de Cologne

en 1159 – était avant tout un homme d'action. On le vit souvent à la tête de délégations diplomatiques ou sur les champs de bataille. Il fut aussi le principal inspirateur de la politique de l'empereur. C'est lui qui inventa le concept d'« empire sacré » et poussa Frédéric à une politique systématique de grandeur impériale. Considéré par certains historiens comme « plus impérialiste que l'empereur », on comprend qu'il ne pouvait tolérer l'esprit de résistance d'Alexandre III et qu'il ait été également détesté par Adrien IV et son successeur.

C'est pourquoi il fit rapidement élire un nouvel antipape. Il s'agissait cette fois de Guido da Crema, qui avait fait savoir depuis longtemps qu'il était disposé à collaborer avec le pape. Il prit le nom de Pascal III.

Certains historiens pensent que Rainald von Dassel mit Barberousse devant le fait accompli et agit sans instruction. Reste qu'aucune tension n'est perceptible dans les rapports entre l'empereur et l'archevêque de Cologne pendant cette période et que Frédéric reconnut Pascal III en juin 1164.

L'élection d'un second antipape avait quelque chose d'une provocation pour Alexandre III et ses partisans. Elle montrait, si l'on avait encore besoin d'en être convaincu, que le schisme n'était que le symbole de la lutte que menait l'empereur contre l'Église.

À la diète de Würzburg, Henri II abandonne Alexandre

La diète de Würzburg l'année suivante confirme que l'empereur et son chancelier avaient bien adopté la même politique.

Convoquée en mai 1165, elle avait pour objet d'assurer la soumission de l'Église impériale à Pascal III. Frédéric jura de le soutenir sans réserve et de ne jamais passer à l'obédience adverse. Il profita de la présence de deux ambassadeurs d'Henri II pour obtenir le même serment, censé engager l'Angleterre à abandonner « le schismatique Rolando », « usurpateur du Saint-Siège ». Les princes laïcs de l'Empire jurèrent eux aussi, à l'exception du fils de l'empereur qui s'éclipsa avant le serment. Quant aux prélats ils semblent bien n'avoir pas été unanimes à prêter serment, contrairement à ce que prétend un document émanant de l'empereur. Au reste, la plupart de ceux qui avaient juré déclarèrent qu'il fallait conclure un accord avec Alexandre III, ce qui limitait singulièrement la portée de leur serment.

Ces dissensions sont corroborées par le fait que peu après la diète, Frédéric démit de ses fonctions l'archevêque de Mayence, Conrad von Wittelsbach, qui avait tenté d'empêcher l'élection de Pascal III, puis refusé de lui prêter serment. Il nomma à sa place Christian von Buch, que nous aurons l'occasion de voir réapparaître un certain nombre de fois dans cette histoire. Quant à l'archevêque Conrad de Salzbourg, pourtant oncle de Frédéric, il fut l'objet, de même que l'évêque de

Cambrai, de mesures disciplinaires pour s'être rapproché d'Alexandre III. Il faut croire que les liens de famille ne pesaient rien dans la lutte de l'Empire contre le sacerdoce.

Il est vrai que Frédéric n'était sans doute pas porté à l'indulgence au moment où tout donnait à penser que, faisant fi de la puissance de l'empereur en Italie, Alexandre III s'apprêtait à retourner à Rome.

Le retour d'Alexandre III à Rome

L'élection de Pascal III n'avait guère enthousiasmé les Romains. Contrairement à Ottaviano de Monticello (Victor IV) qui appartenait à une grande famille romaine, parente des Crescenzi et qui était très populaire à Rome, car facile d'accès et prompte à faire travailler l'artisanat et les commerces locaux, Guido da Crema (Pascal III) n'avait aucun appui à Rome. Il avait préféré rester à l'écart de cette ville turbulente et les Romains le tenaient pour responsable de la réduction de l'activité commerciale.

Lorsque, à l'automne 1164, le nouveau vicaire d'Alexandre III, le cardinal de Saint-Jean et Saint-Paul, arriva à Rome, il trouva une population prête à un revirement en faveur du pape. Lui-même ne ménagea pas sa peine pour réconcilier Alexandre III et les Romains.

Sous son influence, le peuple romain prêta serment à Alexandre, élut un sénat conforme aux désirs du vicaire du pape, décida de rendre à Alexandre l'église de Saint-Pierre et le comté de Sabine, puis envoya une ambassade en France pour préparer le retour du pape.

Pendant quelques mois, le pape hésite. Il a été heureux en France. Bien accueilli, convenablement traité, il a pu regrouper entre ses mains les fils entremêlés de la diplomatie du Saint-Siège. Pourquoi ne pas le dire ? Lui qui avait connu l'éternelle agitation romaine, il avait été ému par l'atmosphère de foi collective du peuple et du clergé français.

Il lui faut accomplir quelques visites d'adieu. Il quitte Sens – sa résidence – au début de l'été, se rend à Paris pour saluer le roi et sa famille. Puis, par petites étapes, il traverse de nouveau ce pays tranquille. Il accomplit à l'envers le trajet de son premier voyage.

À Montpellier, il demeure trois semaines. Il lui faut préparer avec soin cette traversée et ce débarquement dangereux. Guillaume de Sicile – qui est encore vivant – a expédié, une fois de plus, une flottille pour rallier l'Italie.

Toutefois, le pape demeure prudent. Il veut assurer méthodiquement sa marche. Le 22 août, Alexandre s'embarque. Il sait qu'il doit éviter les flottes de Pise et de Gênes : elles sont tenues, par les accords conclus avec l'empereur, de l'arraisonner. Par précaution, le pape contourne la Corse et la Sardaigne. Lorsqu'il atteint Messine, c'est pour lui le début d'une marche triomphale : la population de l'île l'acclame.

Guillaume de Sicile, qui est venu l'accueillir, double la mise : c'est une véritable flotte de guerre qu'il met à la disposition de l'exilé. On relâche à Salerne, et finalement, on débarque à Ostie.

Sans doute est-ce le premier moment véritablement heureux de la vie d'Alexandre. Tout Rome se précipite pour le rejoindre et l'accompagner dans cette véritable entrée à Jérusalem. Les sénateurs sont là, les nobles ont revêtu leurs habits de fête, le clergé et le peuple jettent des rameaux d'olivier sous les pas de ce triomphateur étonné. C'est le 21 novembre 1165 qu'Alexandre III, porté par une foule en délire, pénètre dans son palais du Latran. Ce retour met un terme à un long exil. Alexandre a le sentiment d'avoir gagné une partie importante.

Lorsque l'empereur est informé de l'arrivée d'Alexandre à Rome, lorsqu'on lui rapporte le climat de la ville, il a la sensation de recevoir une gifle. Son plan est en miettes. Pascal, le pape qu'il veut imposer, est un fantôme que personne n'écoute. Rome qui, pour lui, devait être la capitale de son empire, est bel et bien passée à l'ennemi.

Saint Charlemagne

Pour frapper les esprits, Frédéric décida de monter une opération spectaculaire : canoniser Charlemagne.

Cette canonisation, décidée au concile d'Aix-la-Chapelle de 1165, présidé par Rainald von Dassel, répondait moins à des objectifs religieux que politiques.

Sans doute s'inspirait-elle de l'exemple venu d'Angleterre où l'on avait récemment canonisé le roi Édouard le Confesseur. Elle visait aussi, en donnant un « saint impérial » à l'Allemagne, à sanctuariser Aix-la-Chapelle pour doter l'Empire d'un symbole équivalent à celui que la monarchie française avait créé à Saint-Denis. Il s'agissait également, face à la France qui, elle aussi, révérait

Charlemagne, de s'approprier l'empereur. Nul doute enfin que Frédéric ait voulu ainsi réaffirmer qu'il était le seul héritier du premier empereur allemand, et avait donc autorité sur Rome et sur le pape, ce qui légitimait l'ensemble de son action en Italie. D'autant que la canonisation de Charlemagne donnait une dimension théocratique à la fonction impériale, bref pouvait justifier sa prééminence sur la fonction pontificale.

Cette canonisation répondait aussi au besoin d'assurer l'autorité bien chancelante de Pascal III par des méthodes quelque peu embrouillées, qu'on dirait peut-être aujourd'hui « subliminales ». En effet, si le raisonnement ordinaire est que, quand on est pape on peut faire un saint, en inversant la démonstration, on pouvait déduire que Pascal III était bien pape du fait qu'il avait fait un saint.

Le concile d'Aix-la-Chapelle décida que Charlemagne serait honoré le 29 décembre, jour anniversaire de sa mort. Pour faire bonne mesure, on déclara avoir miraculeusement retrouvé sa tombe à Aix-la-Chapelle. Celle-ci fut ouverte et les reliques de l'empereur transportées à la *Marienkirche* de Cologne, ville dont Rainald von Dassel était l'archevêque.

La décision du concile fut complétée par un décret impérial du 8 janvier 1166 sur l'utilité duquel on peut s'interroger. En effet, si la canonisation effectuée par Pascal III était légale, le décret de Frédéric était inutile. Si elle ne l'était pas, le décret ne pouvait en aucun cas la légitimer.

La question se posait effectivement. Depuis la seconde moitié du onzième siècle, il était admis que toute canonisation relevait du pape et de lui seul.

Cependant, il fallut attendre le concile de Latran de 1215 pour régler définitivement le problème. Une chose est certaine, Charlemagne ne resta pas saint très longtemps car, à la fin du schisme, l'Église refusa catégoriquement d'entériner sa canonisation.

La quatrième expédition en Italie de Frédéric

En 1166, le pape perdit l'un de ses soutiens avec la mort brutale de Guillaume Ier de Sicile. L'empereur pouvait espérer que cette disparition affaiblirait Alexandre III. Cependant, à peu près au même moment, le pape engagea des négociations avec Byzance.

Le basileus, Manuel Ier Comnène, venait en effet de lui proposer un étrange marché : l'Église d'Orient, séparée depuis 1054 de l'Église d'Occident, après un long conflit d'autorité entre le pape et le patriarche de Constantinople, retournerait sous l'autorité du pape si, en échange, le Saint-Siège restituait au basileus la couronne romaine, c'est-à-dire la souveraineté sur Rome et l'Italie telle qu'il la possédait jadis.

Alexandre III ne se faisait pas d'illusions sur ces pourparlers : sa position et celle du basileus étaient inconciliables. Mais il savait que, tant qu'elles se poursuivaient, ses négociations avec Byzance inquiétaient l'empereur. Le jeu diplomatique entre Frédéric et Alexandre avait donc repris. Cependant, l'empereur disposait des moyens militaires qui faisaient défaut au pape. À l'automne 1166, décidé à consolider son pouvoir en Italie et à mettre fin au schisme par la force, il franchit le Brenner pour la quatrième fois.

Non sans mal, il avait réussi à constituer une armée de cent mille hommes. Il avait l'intention de marcher sur Rome, mais averti qu'un débarquement byzantin se préparait, il se dirigea vers Ancône.

Pendant ce temps, Rainald von Dassel était allé à Tusculum porter secours à Raino, seigneur de la ville, que les Romains venaient d'attaquer. Par une manœuvre malheureuse, Rainald von Dassel se fit enfermer dans la ville. Il fit alors appel à Christian von Buch, archevêque de Mayence, qui se trouvait alors au côté de Frédéric. L'archevêque-soldat se porta à son secours avec une troupe de 1 300 hommes, Allemands et mercenaires brabançons. Il installa son camp à Monte Porzio, tout près de Tusculum. Le rapport des forces lui était défavorable puisque les Romains pouvaient aligner 40 000 hommes. Ce fut pourtant Christian von Buch, aidé de Rainald von Dassel sorti de Tusculum pour lui prêter main forte, qui, à la grande honte des Romains, remporta cette sanglante bataille le jour de la Pentecôte 1167. Seul un tiers de l'armée romaine rejoignit Rome, dit-on. Les autres étaient étendus, morts, sur le sol, ou prisonniers des Allemands.

Il est vraisemblable que les Romains, plus habitués à se battre depuis les remparts de leur ville qu'en terrain ouvert, commirent de nombreuses erreurs stratégiques qu'exploitèrent les deux archevêques allemands qui étaient considérés comme les meilleurs stratèges d'Allemagne. La consternation fut immense à Rome. D'autant qu'aidés par les petites cités voisines qui détestaient Rome, les Allemands encerclèrent la ville. Les deux archevêques firent savoir à l'empereur que la voie vers Rome était libre et attendirent son arrivée pour attaquer.

Dans Rome, Alexandre III avait prudemment fait entreprendre des travaux pour renforcer les défenses de la ville. Il avait espéré l'aide des Siciliens, mais l'armée envoyée par la régente de Sicile avait été repoussée par Frédéric. Il avait surtout compté que Rome ne serait pas assiégée par la totalité de l'armée impériale. L'imprudence des Romains avait abouti au pire des scénarios.

L'empereur et ses hommes donnèrent l'assaut à la Cité léonine. Il n'y avait là que des hommes du pape qui défendirent leur territoire pendant huit jours. Les catapultes de Frédéric ouvrirent des trous dans les murs et les tours. Ses troupes mirent le feu à l'église Santa Maria in Turri. De précieuses mosaïques s'effondrèrent, les portes de bronze de l'église furent démontées, tels des souvenirs, par les milices de Viterbe. Lorsque Saint-Pierre manqua prendre feu, la garnison se rendit. Frédéric de Rotenburg, qui passait pour le plus beau chevalier allemand, fit ouvrir les portes à la hache. Après le passage de ses troupes, Saint-Pierre était jonchée de cadavres, le sang ruisselait des autels.

Le pape avait abandonné la Cité léonine, mais refusait de s'enfuir, comme le lui suggéraient ses conseillers. Décidé à se battre, il s'était installé dans un palais fortifié qu'on désignait du terme de Colisée, parce qu'il était proche du célèbre monument. Guillaume II de Sicile, apprenant la situation du pape, lui envoya deux navires qui remontèrent le Tibre. Les capitaines réussirent à rejoindre le quartier général du pape, lui remirent une somme d'argent importante pour faciliter sa fuite : les bateaux l'attendaient.

Le pape ne voulait pas entendre parler de reddition

ou de départ en désordre. Il se servit de l'argent pour renforcer les défenses du palais. Par courtoisie, il expédia deux cardinaux chez les capitaines. Il souhaitait que les navires les conduisent jusqu'en Sicile pour que ses envoyés remercient les autorités siciliennes.

Ayant pris possession de la Cité léonine, Frédéric commença par y faire venir Pascal III. Il se montra, diadème sur la tête, et fit couronner son épouse, Béatrice de Bourgogne, par son pape. À ce moment-là, Frédéric ne tenait que la seule Cité léonine. Il avait un double objectif : capturer Alexandre III et s'emparer de la ville dans sa totalité. Aussi fit-il savoir aux Romains que le pape était le seul obstacle à la paix : il rendrait les prisonniers et épargnerait Rome si le pape démissionnait.

Aussitôt, les Romains exigèrent que le pape se sacrifie. Alexandre III comprit qu'il était temps de fuir. L'évasion eut lieu de nuit. Déguisé en pèlerin, mêlé à d'autres, traînant derrière lui quelques chevaux et de nombreux colis, il franchit la Porte latine et prend la route de Terracine. Les sentinelles germaniques devaient dormir ; en tout cas, elles ne réagirent pas, et le pape atteignit Gaète. L'archevêque du lieu reconnaît Alexandre parmi ces mendiants, lui fournit des hommes d'armes et des religieux pour l'accompagner jusqu'à Bénévent. Au reste, le pape ne se cachait plus. Il avançait, revêtu de ses ornements pontificaux, acclamé par la population locale.

La peste frappe l'armée victorieuse

Entré dans Rome, Frédéric fut sans doute furieux d'avoir laissé échapper Alexandre III. Mais il avait atteint l'un de ses deux objectifs. Début août, il conclut avec le Sénat un accord qui rétablissait totalement, en droit du moins, la souveraineté impériale sur la ville. Les Romains devaient lui prêter serment de fidélité, comme toutes les communes italiennes considérées comme terres d'empire. En échange, Frédéric reconnaissait le Sénat, consentait divers avantages économiques à la ville et promettait de respecter ses libertés communales. Rome venait de passer entièrement sous l'obédience de Pascal III.

Rien ne laissait donc présager qu'on allait au désastre. Il était pourtant prévisible. Le mois d'août se passait rarement sans apporter des fièvres. Cette année-là, après un terrible orage, le Tibre déborda, l'eau inonda une partie de la ville. Une épidémie se déclencha brutalement. Très vite, les habitants se mirent à mourir par milliers. On ne pouvait plus enterrer les morts, on les jeta dans le Tibre.

La fine fleur de l'armée allemande fut emportée. En sept jours, on vit mourir les prélats Rainald von Dassel, Gottfried de Spire, Eberhard de Ratisbonne, les comtes de Nassau, de Lippe ainsi que le beau Frédéric de Rotenburg.

Il n'y avait pas d'autre solution que d'abandonner Rome où la population commençait à penser que l'épidémie était une punition de Dieu contre les horreurs commises par les Allemands.

Cette retraite fut une débâcle. En effet, galvanisée par la conclusion d'une nouvelle ligue entre les communes de Bergame, Brescia, Crémone et Mantoue, la Lombardie se souleva au passage de l'empereur et des débris de son armée.

En avril, la nouvelle ligue avait décidé d'aider les Milanais à relever les murailles de leur ville. Des ouvriers, des contremaîtres, des spécialistes, avaient convergé vers la capitale de la Lombardie pour entreprendre ce gigantesque ouvrage. Très vite, la ville ressuscita. Les anciennes défenses réapparurent tandis que des maisons sortaient de terre. Les habitants, exilés un peu partout en Lombardie, revinrent dans leur capitale, le clergé entreprit de reconstruire ses églises. Un nouveau Milan sortait de terre.

En mai, Lodi et Parme avaient rejoint la Ligue et Plaisance en août. Ces villes avaient d'un commun accord expulsé les représentants de l'empereur et rétabli leurs consuls. L'annonce de son départ précipité de Rome les détermina à l'action. D'autant plus que, le 1er décembre, rejointes par Vérone, Vicence, Padoue, Trévise, Ferrare, Modène, Bologne et Venise, les villes fondèrent une « association lombarde » à laquelle allaient bientôt se joindre Novare, Verceil et Côme.

De son côté, l'armée impériale progressait péniblement. À partir de Lucques, la marche devint difficile. Frédéric donna l'ordre de se diriger vers Parme. Impossible, même là, de passer : les troupes lombardes barraient le chemin. C'est par des routes détournées que l'armée impériale, ou ce qu'il en reste, atteignit Pavie. Le 12 septembre Barberousse pénètre dans cette cité qu'une garnison allemande tient solidement.

L'empereur va y rester plusieurs mois. Il n'ose tenter de remonter vers le nord : les Lombards sont partout. Il apprend le pacte conclu entre les quatre communes italiennes : le 7 avril précédent, ces villes ont décidé de reconstruire les murailles de Milan ; Frédéric ne bouge pas. Il est informé, jour après jour, de cette résurrection de la Lombardie. Il comprend qu'il ne l'avait jamais soumise. Il ne peut plus en douter lorsqu'il apprend que la ligue des quatre villes vient de conclure un traité avec les cités de l'autre ligue : celle de Vérone. Six villes entrent cette fois dans la coalition : Vérone, Vicence, Padoue, Trévise, Ferrare et, bien entendu, Venise, coffre-fort de ce qui devient bel et bien une puissance militaire. Les alliés promettent, par serment, de s'engager ensemble contre tout adversaire qui s'en prendrait à n'importe laquelle des dix cités. Accord conclu pour vingt ans. On crée une organisation militaire commune, gouvernée par un directoire comprenant un consul de chaque ville et déléguant à deux chefs élus le pouvoir pendant un mois.

En mars 1168, Barberousse décide de franchir les barrages lombards. Il s'enfuit de Pavie avec une petite troupe et, grâce à la complicité du marquis de Montferrat, il arrive aux portes de la Savoie. Mais il faut passer Suze ; impossible de pénétrer dans la ville dont les entrées étaient gardées. Les soldats de Frédéric se déguisent alors en marchands et entreprennent de contourner la Savoie. Ils gravissent le col du Mont-Cenis, et débouchent enfin en terre d'empire après une marche épuisante.

Les Lombards ne se faisaient aucune illusion ; ils savaient que l'empereur reviendrait lorsqu'il aurait reconstitué une armée. Il fallait s'organiser pour lui barrer le passage et, si possible, l'humilier. C'est à ce moment qu'ils ont l'extraordinaire audace de fonder une nouvelle ville qui commandera les routes de l'ouest. Elle fut achevée en six mois et, en hommage au pape, les Lombards lui donnèrent son nom : Alexandrie. Forcément, la construction était assez légère. L'empereur, par dérision, l'appelait « la ville de chaume ». Elle est toujours là, à l'ouest de Milan. Mais, aujourd'hui, ses toits ne sont plus en chaume et personne ne menace plus la Lombardie.

CHAPITRE VII
LES DERNIERS COMBATS
(1168-1176)

Au cours des années qui vont de 1168 à 1176, le vent semble tourner pour Frédéric Ier. Les problèmes s'accumulent dans l'Empire et en Italie, mais loin de les aborder dans un esprit constructif, c'est-à-dire en acceptant de reconnaître enfin Alexandre III comme pape légitime, il va s'entêter dans sa position et aggraver sa situation.

Les premières tentatives de compromis

Pascal III mourut le 20 septembre 1168. C'était à nouveau l'occasion de mettre fin au schisme, d'autant que la disparition de Rainald von Dassel l'année précédente avait enlevé un obstacle important à la réconciliation du pape et de l'empereur. Pourtant, un nouvel antipape fut désigné. Il s'agissait de Jean de Struma qui prit le nom de Calixte III.

C'était un homme assez obscur, manquant de la personnalité nécessaire pour permettre à Barberousse de rétablir sa position en Italie après l'avoir quittée de manière aussi désastreuse.

Par ailleurs, contrairement à ses deux prédécesseurs, Calixte III ne pouvait compter sur le soutien inconditionnel de l'empereur. Le serment fait à Pascal III à Würzburg était strictement personnel. Or Frédéric n'envisagea même pas de prêter un serment identique à Calixte.

Il est vrai que, depuis son retour d'Italie, Frédéric était préoccupé par la situation en Allemagne. En 1168, il avait prudemment fait élire roi des Romains son fils Henri, alors âgé de quatre ans, et suivait avec une inquiétude grandissante la montée en puissance d'Henri le Lion, devenu cette même année le gendre d'Henri II, conformément aux accords négociés par Rainald von Dassel. Duc de Saxe et de Bavière, Henri le Lion dominait en effet un immense territoire et multipliait les succès, créant la ville de Lübeck au nord et celle de Munich au sud, sur la route du Brenner.

En Italie, la Ligue lombarde qui pouvait se targuer d'avoir chassé l'empereur prenait chaque jour plus de poids.

Toutes ces considérations expliquent qu'au début de 1169 Frédéric ait engagé des pourparlers avec Alexandre III.

Les négociations de Veroli

Frédéric envoya l'évêque Eberhard de Bamberg pour le représenter. Celui-ci consentit à ce que les villes lombardes participent aux discussions, comme le réclamait Alexandre.

Il énonça les propositions de Frédéric : le pape devait

rompre son alliance avec la Ligue. Contre cette concession, l'empereur reconnaîtrait la légitimité d'Alexandre et la validité des nominations qu'il avait faites depuis son élection.

Alexandre n'est pas surpris. Il se tait. Mais les envoyés des villes lombardes avouent leur ahurissement : ainsi cet empereur, qui luttait depuis des années contre un pape jugé par lui usurpateur, abandonnait en quelques mots son ambition officielle. Le schisme était donc un leurre. Le pape, et l'assemblée qui l'entoure, rejettent la proposition, sans la moindre nuance. Pour bien marquer le caractère sérieux de l'alliance entre Alexandre et la Ligue, le premier envoie une lettre à chacune des villes pour leur dire que la paix et la liberté de l'Église sont désormais liées à la paix et à la liberté des villes lombardes. Il demande au conseil de chaque cité de s'engager par serment sur les Saints Évangiles. Il est précisé qu'aucun accord avec l'empereur Frédéric ne pourra être conclu. Sinon le pape prononcera l'excommunication de ceux qui auraient oublié leur serment. Enfin, les conseils de chaque ville firent prêter ce serment à tous les hommes de quinze à soixante ans.

Il y avait cependant un enseignement à tirer de ces négociations avortées. Un accord durable entre le pape et l'empereur devrait nécessairement prévoir la reconnaissance d'Alexandre III, régler la question des ordinations schismatiques, qui avaient été évoquées à Veroli, et prendre en compte les revendications de la Ligue lombarde, ce qui impliquait de trouver un compromis sur la souveraineté impériale en Italie. Mais, en 1170, Frédéric n'était pas encore mûr pour ce règlement.

Cependant, comme il avait conscience de manquer

d'alliés pour appuyer sa politique, il se lança dans une véritable offensive diplomatique.

L'offensive diplomatique

Frédéric fit d'abord porter ses efforts sur la France. Il rencontra Louis VII le 14 février 1171 à Vaucouleurs, à la frontière entre leurs deux États. Mais Louis VII consentit seulement à envoyer une légation de paix à Alexandre III.

Ne se laissant pas décourager, l'empereur envoya alors à Constantinople Christian von Buch, l'archevêque de Mayence, qui jouait à présent auprès de lui le rôle qu'avait occupé Rainald von Dassel. Les relations entre le pape et le basileus s'étant considérablement refroidies, les négociations commencèrent de manière prometteuse. Mais les Byzantins avaient alors un autre souci, plus urgent : les Turcs et leur avancée sur le continent européen.

Barberousse fit une dernière tentative, en direction cette fois des Siciliens : il offrit au jeune Guillaume II d'épouser sa fille, Sophie. Mais, de son côté, le pape avait préparé le mariage du roi de Sicile avec Jeanne, fille d'Henri II d'Angleterre et ce fut cette union-là que choisit Guillaume II.

L'échec de ses tentatives diplomatiques convainquit Frédéric qu'il ne lui restait qu'une seule option, la guerre. Après avoir envoyé Christian von Buch en Italie pour essayer d'y renforcer son pouvoir, il commença les préparatifs d'une nouvelle expédition italienne.

Le siège d'Alexandrie

Cette expédition était devenue inévitable avec le renforcement de la Ligue lombarde à laquelle s'étaient ralliés Pavie, qui avait longtemps été fidèle à l'empereur, puis quelques grands seigneurs dont le marquis de Montferrat.

La guerre fut décidée à la diète de Worms. À l'automne 1174, les troupes allemandes franchirent le Mont-Cenis et allèrent assiéger Alexandrie. Cette ville nouvelle, édifiée au sud du Pô, symbolisait l'union entre la Ligue lombarde et le pape. Elle constituait un défi lancé à l'empereur qui l'avait du reste surnommée « la ville de chaume ».

Frédéric pensait n'en faire qu'une bouchée, même si ses troupes, composées pour l'essentiel de mercenaires brabançons, car les princes allemands avaient rechigné à lui donner des hommes, refusaient de se battre tant qu'elles n'avaient pas touché leur solde.

Malheureusement, l'armée de Frédéric se trouve prise sous une pluie battante. Tous les fleuves débordent. Le Pô, le Tanaro, le Bebo, la Bormida, la Stura. De majestueux torrents descendent des Alpes et inondent la plaine. Qu'à cela ne tienne : Alexandrie ne résistera pas à l'assaut de l'armée allemande. D'autant que les fortifications semblent fragiles : pas assez épaisses, pas assez hautes. Il suffit, pense Frédéric, de passer en force.

C'est une erreur. Les Alexandrins, malins, ont édifié une enceinte de pieux quelques mètres au-delà des murailles visibles. Or, la hauteur de l'eau masque ces fortifications basses, mais redoutables. Lorsque Frédéric donne le signal de l'assaut, les chevaux se précipitent sur ces lances de bois. Première débâcle. Les chevaux éventrés hennissent et se débattent de douleur. La pluie continue de tomber sur le camp de Frédéric, envahi par les blessés.

Deuxième tentative. Frédéric donne l'ordre de faire avancer ses grosses machines de guerre, des tours en bois, qui sont péniblement mises en place contre les murs de la ville ; il ne reste plus qu'à faire dégringoler de là sur les assiégés un déluge de flèches à travers le déluge d'eau.

Nouvelle riposte des habitants. Certains d'entre eux plongent dans l'eau glacée, nagent sous les engins d'assaut de Frédéric et commencent à les incendier. L'une des tours est simplement capturée, et les Alexandrins, vainqueurs, en font une place forte contre Barberousse.

L'empereur ne veut pas admettre sa défaite. Alexandrie, proclame-t-il, tombera lorsque ses habitants seront réduits à la famine. Ce qui n'arriva pas. Les mois passent : décembre, janvier, février. Durant ce temps, la pleurésie ravage les troupes allemandes, entassées dans des camps insalubres. Frédéric ne cède pas : il attend des renforts.

Début du printemps ; la pluie s'arrête de tomber. L'eau s'évacue peu à peu. C'est une bonne occasion pour Frédéric. Malheureusement pour lui, les troupes de la Ligue lombarde, que les habitants d'Alexandrie attendent depuis longtemps, se sont enfin regroupées à Plaisance, c'est-à-dire à deux jours de marche d'Alexandrie.

L'armée des cités avance. Ses combattants sont nombreux, résolus. Le dimanche des Rameaux, ils font halte à Tortone, à six lieues d'Alexandrie. Personne n'imagine ce qui va se passer.

Trois jours plus tôt, Frédéric avait, selon ses habitudes, modifié profondément sa tactique. Puisque Alexandrie refusait de capituler, il avait expédié des plénipotentiaires. Il proposait à la population une trêve pour les fêtes pascales. Le bon peuple avait accepté avec joie. Bien sûr, c'était une ruse. La nuit suivante, Frédéric donne l'ordre à ses soldats de s'enfoncer dans un tunnel que ses troupes ont creusé sous les murs de la ville. Ils doivent déboucher soudainement, ouvrir les portes de la cité. L'empereur masse des contingents à cet endroit. Quand la voie sera libre, l'invasion et le pillage commenceront.

Ceux qui organisent jour après jour la défense de la ville se sont méfiés de cette drôle de trêve. Ils avaient doublé le nombre des sentinelles. Lorsque les Allemands sortent de terre, ils sont aussitôt encerclés, désarmés et jetés du haut des remparts.

C'est à ce moment, et à ce moment-là seulement, que les portes s'ouvrent. Mais ce ne sont pas les soldats de Frédéric qui se précipitent sur les assaillants, interdits. C'est le contraire. Les assiégés font une sortie. Le corps à corps dure deux jours. Frédéric perd quelques milliers d'hommes en plus. Durant la nuit du dimanche, on l'avertit que l'armée lombarde approche d'Alexandrie. L'empereur n'a pas le choix : il donne le signal de la retraite. Mais c'est la retraite d'une armée épuisée et de combattants à bout de souffle. C'est à cet instant que tout se joue. Frédéric veut se réfugier à Pavie, la ville fidèle. Mais l'armée lombarde avance sur cette même route, en sens inverse. L'empereur presse le mouvement ; il espère filer sous le nez des Italiens. C'est une ultime illusion. Soudain, le 13 avril 1175, dans les environs de Montebello, les deux troupes se retrouvent face à face. L'armée lombarde, médusée, s'arrête, ses chefs se concertent : Barberousse continue à faire peur. Quelle est l'importance de cette armée ? se demandent les Lombards. S'agit-il de la totalité des troupes allemandes ?

Barberousse comprend fort bien la situation : si la bataille s'engage, il est vaincu ; lui-même risque de perdre la vie dans ce combat. Il offre donc de négocier. Les Lombards acceptent ; une trêve est conclue le 16 avril.

Les négociations de Montebello

Frédéric espérait parvenir à une paix séparée avec la ligue de Lombardie, obligeant celle-ci à se détacher du pape. Mais, dès le début, les négociateurs lombards indiquèrent qu'ils ne signeraient la paix qu'à condition que l'empereur conclue également un accord avec le pape. (L'accord liant Alexandre III et la Ligue excluait en effet tout accord séparé de l'une des parties avec l'empereur.) On s'était cependant entendu pour laisser le soin de rédiger un traité de paix à un tribunal d'arbitrage composé des consuls de Crémone.

Frédéric comptait mettre à profit le répit que lui accordait la trêve pour obtenir des renforts des princes allemands. Mais las de ces expéditions italiennes, ceux-ci, et notamment le plus puissant d'entre eux, Henri le Lion, tardaient à lui donner satisfaction.

Cependant, les négociations n'avançaient guère. D'abord, parce que les Milanais, qu'une vieille rivalité opposaient à Crémone, ne voulaient pas de l'arbitrage des consuls de cette ville. Ensuite, parce que les Lombards insistaient pour que l'accord en cours de négociation s'applique à Alexandrie comme à toutes les autres villes de la Ligue et que l'empereur s'y refusait obstinément. Alexandrie était son abcès de fixation, le symbole de ses échecs en Italie. Enfin, même si la question avait été provisoirement mise de côté, la paix avec le pape restait présente dans tous les esprits.

Dans l'espoir de gagner du temps en attendant l'arrivée des renforts qu'il avait demandés, Frédéric tenta une dernière chance auprès d'Alexandre III. Il convia à Pavie trois de ses cardinaux en laissant entendre qu'il pourrait reconnaître le pape.

En chemin vers Pavie, les cardinaux recueillirent des informations peu encourageantes des villes : les négociations de Montebello étaient une farce.

Au discours que leur tint l'empereur à Pavie, les cardinaux répondirent avec fermeté. Notamment, le cardinal Hubald d'Ostie qui lui suggéra, puisque l'Église s'était ralliée à Alexandre, de reconnaître la légitimité de celui-ci. Ce seul point mettrait fin au schisme. Frédéric sentit que ses officiers, ses conseillers, étaient impressionnés par la clarté et la qualité des arguments de Hubald. Celui-ci énuméra, sans en oublier une seule, toutes les fautes commises par l'empereur : la destruction des villes italiennes, la reconnaissance des antipapes, la déposition d'évêques qui n'avaient pas l'heur de lui plaire, la guerre, toujours recommencée. Or, Dieu avait sanctionné cette politique de force : maladies et défaites s'étaient abattues sur les troupes de l'empereur. Alexandre, pourtant dépourvu d'armée, l'avait dix fois emporté. N'était-ce pas la preuve de la volonté de Dieu ?

Frédéric garda le silence. D'ailleurs, les autres cardinaux ne lui laissèrent pas la parole. L'un après l'autre, ils reprirent les mêmes propos. Un grand respect dans la formulation, une sévérité sans faille sur le fond.

Lorsque l'empereur sortit de son mutisme, il tint un discours embarrassé. Il avait commis des erreurs qu'il souhaitait réparer au plus tôt. Pourtant, il se garda de rien promettre. Chacun sentit qu'il dissimulait sa véritable pensée : la reprise de la guerre. Les renforts finiraient bien par arriver.

Le désastre de Legnano

Lassé des négociations, Frédéric reprit les hostilités en octobre 1175. Il tenta encore fin janvier, début février, d'obtenir des renforts de son cousin Henri le Lion. Pour finir, ses vassaux allemands ne lui envoyèrent qu'un millier d'hommes. Or il manquait aussi de l'argent nécessaire pour s'attacher ses mercenaires brabançons.

À Bellinzona, au pied du Saint-Gothard où il était allé au-devant des maigres troupes allemandes qu'on lui envoyait, Frédéric décida de marcher une nouvelle fois sur Milan, pensant la prendre par surprise.

Une fois encore, Frédéric se trompe. Les Milanais sont fort bien informés. Ils savent que l'empereur a regroupé ses troupes au nord du lac Majeur. Ils savent aussi qu'il a enfin reçu le contingent saxon. Ils décident donc de le prendre de vitesse.

Les Lombards se dirigent donc vers le nord sans attendre le contingent que Brescia leur a promis. C'est une course de vitesse. Le 29 mai, les troupes de la Ligue sont à Legnano, à vingt kilomètres de Milan. Où est Frédéric ? On ne sait pas. À tout hasard, on expédie sept cents cavaliers en avant-garde. Dix kilomètres plus loin, ils se heurtent aux troupes de l'empereur. La bataille s'engage immédiatement. Personne ne réfléchit.

L'armée allemande tout entière – elle était toute proche – se jette dans la mêlée. La cavalerie de la Ligue doit reculer, poursuivie par les Allemands. Ils ne vont pas très loin. L'armée milanaise est plantée en carré autour de ses étendards. Les Allemands se ruent en avant ; ils veulent en finir. Frédéric les exhorte. Progressivement, ses troupes prennent le dessus ; les Lombards commencent à reculer.

Et puis, c'est le miracle. Un formidable bruit de galop stoppe les bras des combattants. Qui vient ? C'est la cavalerie de Brescia. Elle se précipite sur les flancs de l'armée allemande. Frédéric court à sa rencontre ; c'est un homme, ne l'oublions pas, qui n'a jamais peur. Pourtant, ce jour-là, il vient de commettre une nouvelle imprudence. Tout le monde connaît son écu et son camail. Et la crainte révérencielle de l'empereur ne joue plus. Les cavaliers de Brescia font pleuvoir des grêles de coups sur l'entourage de Frédéric et sur lui-même. L'empereur tombe ; son corps est immédiatement recouvert par les cadavres des chevaux et des soldats morts.

C'est la fin. Les troupes allemandes ont perdu leur

empereur. Elles fuient. Les Lombards les rattrapent, les massacrent sans faire le détail. Toute la haine accumulée explose. Cette fois, ce n'est ni une épidémie, ni la sécheresse, qui s'abat sur l'armée impériale ; mais une troupe de bourgeois et de paysans qui ignorent l'art de la guerre.

Au quartier général de Barberousse, c'est la stupéfaction. On a perdu l'empereur. Est-il mort, est-il vivant ? Le plus grand nombre considère que l'Allemagne n'a plus de chef. Chacun d'énumérer, sans même se cacher, les désastres du règne : Frédéric s'est montré incapable de faire élire un pape respectueux ; il a pris la tête d'un schisme comme l'Église en a peu connu ; ses armées ont été vaincues à Rome par l'orage et l'épidémie ; à Alexandrie, par le courage et l'entêtement d'hommes qui n'étaient même pas des soldats ; au nord de Legnano, par les troupes de la Ligue lombarde. Frédéric Barberousse n'a plus guère de fidèles à Pavie. Pas de meilleure preuve que l'attitude de l'impératrice. Lorsqu'elle paraît, c'est revêtue des habits de deuil : pour elle, son époux a disparu à jamais.

Elle se trompe. Quelques jours plus tard, Frédéric réapparaît à Pavie. Par quel miracle a-t-il réussi à s'extraire des entassements de cadavres ? Comment a-t-il échappé aux troupes de la Ligue ? Qui l'a aidé à franchir la distance importante qui sépare le lac Majeur de Pavie, seule cité qui lui soit demeurée fidèle ? Mystère. En tout cas, il est là. Prêt à négocier.

CHAPITRE VIII
À LA RECHERCHE D'UN COMPROMIS
(1176-1177)

Après le désastre de Legnano où il avait failli trouver la mort, Frédéric engagea des pourparlers avec les villes lombardes. En juin-juillet 1176, les consuls de Crémone élaborèrent une décision arbitrale à laquelle les cités rajoutèrent des conditions que Barberousse trouva inacceptables. Il se résolut alors à écouter ses conseillers qui lui prêchaient la réconciliation avec le pape. Le 21 octobre, il envoya à Anagni, où résidait Alexandre III, une délégation composée de deux archevêques : Christian von Buch et Wichman de Magdeburg, qu'accompagnaient Conrad de Worms et Ardouin, protonotaire.

Le pré-traité d'Anagni

Entouré par ses cardinaux, le pape écouta les envoyés de l'empereur proposer un accord entre « les deux chefs de l'univers ». Il commença par demander que le roi de Sicile et les représentants de la Ligue lombarde soient associés aux négociations. Les plénipotentiaires renâclèrent car Frédéric ne leur avait pas donné mandat pour une négociation aussi vaste. Pour des raisons qui restent largement incompréhensibles, Alexandre III consentit à une simple négociation bilatérale.

Les discussions furent achevées en quinze jours, délai qui peut paraître extrêmement bref pour régler un conflit aussi long et aussi profond. La vérité est que les deux parties prirent les pourparlers de Montebello comme base de départ.

Les dispositions principales étaient les suivantes :

– *Des engagements bilatéraux* : L'empereur promettait de reconnaître Alexandre III comme pape légitime. Cette promesse était également faite par l'impératrice, le prince héritier et tous les princes d'empire.

Inversement, l'Église reconnaissait la dignité de l'empereur, de l'impératrice et du prince héritier. Le pape levait l'excommunication prononcée contre Frédéric.

Les deux parties promettaient de garantir la paix à leur adversaire ainsi qu'à ses partisans et ses alliés.

Il s'agissait donc d'un engagement de grande portée puisqu'il ne concernait pas les seules personnes du pape et de l'empereur.

– *Règlement du schisme* : Le problème de savoir ce qu'il devait advenir de l'antipape et des évêques nommés par lui était une grave question, de nature à troubler l'ordre au sein de l'Église. Nombre de prélats allemands, à commencer par Christian von Buch, l'archevêque de Mayence, étaient personnellement concernés.

Il fut décidé que Calixte III recevrait une abbaye en dédommagement, que les cardinaux qu'il avait créés retrouveraient leur position antérieure au schisme. Les autres cas seraient traités individuellement, ce qui ouvrait la possibilité d'une confirmation des évêques allemands.

– *Le pouvoir temporel du pape* : Il s'agissait de dispositions extrêmement importantes puisque l'empereur acceptait de restituer à l'Église romaine son pouvoir de souveraineté et le Patrimoine de Saint-Pierre et de les protéger. En un mot, on ne se contentait pas de mettre fin au schisme, on supprimait ce qui l'avait provoqué.

Ainsi, l'empereur reconnaissait la souveraineté du pape sur Rome, considérée comme propriété personnelle du Saint-Siège.

Frédéric renonçait aux biens de la comtesse Mathilde que, depuis son couronnement, il considérait comme terres d'empire.

Le pré-traité prévoyait également que l'empereur devait signer la paix aux meilleures conditions avec le roi de Sicile et les villes lombardes. Par ailleurs, en attendant la conclusion du traité définitif, une trêve de cent jours permettait à l'empereur et à ses partisans de circuler librement en Italie.

Alexandre déçoit ses alliés

Alexandre est-il conscient qu'il vient, avec ce document, de jeter la consternation au sein de la Ligue, d'étonner les rois de France et d'Angleterre ? Tous se posent la même question : sur quoi débouchera cette réconciliation fondée sur la bonne foi de l'empereur ? Certes, le pape est reconnu par Frédéric ; il ne pouvait guère faire moins. Mais celui-ci obtient la levée de son excommunication, le droit de circuler en Italie, de reconstituer discrètement une armée en enrôlant des soldats italiens déroutés par cette paix imprévue. D'autant que chacun sait que Frédéric peut fort bien déchirer un traité lorsqu'il ne lui convient plus et que l'empereur retrouve sa position de force.

Plus grave, peut-être : la Ligue considère ces préliminaires comme une trahison d'Alexandre III. N'était-il pas entendu que le pape comme la Ligue ne pouvaient signer quelque traité que ce soit avec l'empereur, sans s'être concertés et mis d'accord auparavant ? En réalité, Alexandre était bien moins rusé que son adversaire. Il faut se souvenir que la bataille dure depuis des années, que pour la première fois il obtenait la fin du schisme, que l'Église enfin rentrait dans ses droits. Peut-être a-t-il saisi la proie pour l'ombre.

Soudain les Lombards osent protester : qui s'est battu ? Qui est mort devant Alexandrie, et surtout à Legnano ? Pendant ces boucheries successives, que faisait Alexandre ? Installé dans l'une de ses résidences, il se faisait apporter le récit des batailles. Rien de plus, rien de moins.

C'est, pendant quelques semaines, le désordre en Lombardie. La belle ordonnance de la Ligue vole en éclats. Chaque ville se souvient de l'époque où elle fut libre, autonome, vraiment indépendante. Puisque le pape oublie le traité conclu entre lui et la Ligue, cette dernière n'est plus tenue par les papiers anciens. Après tout, il est probable que, réconcilié avec Alexandre, l'empereur va pouvoir assurer petit à petit sa domination sur l'Italie ; ce qu'il n'a pas conquis par la guerre, il a des chances d'en hériter par la paix. De sa défaite, il va faire une victoire.

Les principaux responsables de cette débâcle diplomatique demeurent saisis. Ni le pape, ni l'empereur, ne s'attendaient à ce revirement. Le premier estime qu'il a simplement assuré les droits traditionnels de l'Église ; il est convaincu que ses alliés ont les moyens de se défendre : ne viennent-ils pas de défaire l'armée de Frédéric ?

Nous sommes en face d'un malentendu dramatique. Les Lombards considèrent qu'ils tirent leur force de l'autorité morale et spirituelle du pape ; si celui-ci les abandonne, ils se sentent démunis face à l'empereur. C'est un raisonnement absurde : en fait, ils demeurent les maîtres de l'Italie du Nord. Frédéric n'a pas les moyens de reconstituer une armée ; les renforts, les fameux renforts dont il ne cesse de parler, n'existent pas. Cette fois, les princes allemands se désintéressent de cette aventure, toujours recommencée, toujours perdue.

Mais la crainte emporte les vainqueurs. Ils n'imaginent leur salut que dans des réconciliations fragmentaires avec Frédéric. C'est un véritable sauve-qui-peut. Tortone, Ravenne, Rimini quittent la Ligue, malgré leur serment, et signent avec les délégués de l'empereur une série de paix séparées. Crémone, qui avait tenté d'arbitrer le conflit, empoche les bénéfices de sa demi-trahison de la Ligue. Seule, Côme, dont les soldats sont entassés dans les prisons de Milan, se rapproche de la Ligue ; elle espère que celle-ci lui rendra ses enfants prisonniers.

Le pape – parfaitement informé – ne bouge pas. Quant à Frédéric, stupéfait de ce désordre, il expédie ses diplomates dans chacune des cités. Ceux-ci ont reçu des ordres précis : ils doivent consentir aux demandes

des villes. Objectif principal, la dispersion de la Ligue lombarde. Au passage, l'empereur signe des alliances en bonne et due forme avec les villes du Piémont, d'Émilie et de Romagne. Elles étaient restées neutres durant toute la période précédente. Mais à partir du moment où le pape et l'empereur se sont réconciliés, elles ne voient aucune raison de ne pas bénéficier des promesses de Frédéric. Celui-ci, sans armée et sans argent, marque des points. Mais il est Frédéric, et promet la lune ; il sera toujours temps de revenir sur ses engagements quand il aura reconstitué ses forces.

Justement. Barberousse comprend, avec son opportunisme habituel, qu'il peut, en puisant dans les forces intactes des populations du Piémont, d'Émilie et de Romagne, rebâtir une force militaire respectable. Au début, la manœuvre réussit. On voit le moment où l'empereur, avec les morceaux d'armées récupérés sur ses ennemis, redeviendra menaçant.

Dès l'automne 1176, le pape vit clair dans le jeu de l'empereur qui répandait dans toute l'Italie du Nord la nouvelle qu'une paix séparée était faite avec l'Église et qu'un concile d'union aurait prochainement lieu à Ravenne. Il tenta alors de rétablir la confiance avec ses alliés.

Lorsqu'il rencontra les chefs de la Ligue à Ferrare en avril 1177, ceux-ci lui dirent clairement qu'ils ne le suivraient plus à n'importe quelle condition et qu'ils étaient disposés à accepter la paix proposée par l'empereur si « l'honneur de l'Italie » (c'est-à-dire les libertés des villes) était préservé.

Ayant enfin compris son imprudence, le pape pria le roi de Sicile Guillaume II de lui envoyer des délégués pour participer aux négociations. Enfin, peu après la rencontre de Ferrare, pour éviter une rupture complète avec les cités, il décida de constituer, en application des dispositions du pré-traité d'Anagni, une commission d'arbitrage à laquelle furent associés les envoyés du roi de Sicile.

Le traité de Venise

Même si Frédéric a besoin de conclure la paix au plus vite – de graves problèmes l'attendent en Allemagne – et qu'il commence à se lasser de ce rêve italien si compliqué à réaliser, il n'est pas homme à laisser passer sa chance de traiter aux meilleures conditions possibles. Alors qu'après Legnano il venait en demandeur implorer un traité, il a réussi, en exploitant politiquement le pré-traité d'Anagni, à opérer un incroyable rétablissement.

Quant à Alexandre III, qui avait obtenu à Anagni les meilleures conditions possibles, le voilà obligé de repartir quasiment de zéro pour avoir négligé l'amour-propre de ses alliés. Une fois de plus, dans cette histoire, la diplomatie occupe une place déterminante.

Les deux parties eurent du mal à s'entendre sur le lieu des négociations. L'empereur voulait Ravenne, mais les représentants du pape refusèrent tout net car la ville était restée sous la domination de Frédéric. La Ligue lombarde tenait pour Bologne. Finalement, le pape proposa Venise.

Comme toujours, le voyage d'Alexandre est mouvementé. Par prudence, il expédie ses cardinaux par voie de terre : un naufrage est toujours possible. Mais le pape, pour sa part, s'embarque à Viesti, au pied du Mont Gargano. Aussitôt, une tempête se lève. Décidément, Alexandre soulève les mers, lorsqu'il ose les affronter. Les treize galères mises à sa disposition par le roi de Sicile se débattent avec des vagues immenses. Il faut relâcher dans l'archipel dalmate. C'est le 23 mars que la flotte pontificale, voiles roulées, jette l'ancre devant la ville. La foule vénitienne – qui n'a jamais vu de pape – lui fait un accueil somptueux.

Mais tout de suite, les difficultés recommencent. Des envoyés de Frédéric se présentent à Alexandre et exigent que la conférence ait lieu à Pavie ou Ravenne. Alexandre répond que « Frédéric n'a qu'à s'en prendre à lui-même » ; il a accepté Venise. Il doit respecter cet engagement. Pour en finir, le pape accepte qu'une réunion préliminaire se tienne à Ferrare. Dans un premier temps, seuls le pape et ses alliés se rencontrent dans cette ville.

La réunion de Ferrare

Cette pré-conférence s'ouvre dans une grande tension. Les envoyés de la Ligue ne mâchent pas leurs mots : ce sont les Lombards qui ont supporté tout le poids de la guerre, et ils n'entendent pas aujourd'hui être floués de leur victoire. Le pape les calme, les rassure : il n'y aura pas de paix sans leur accord. Dans un discours public, il affirme qu'ils ont été « les brillants défenseurs de la grandeur de l'Église et de la liberté de l'Italie ». Il faut noter l'expression : cette fois, « la liberté de l'Italie » devient une exigence politique pour le Saint-Siège.

Les sept plénipotentiaires désignés par l'empereur rejoignent à leur tour Ferrare. Christian von Buch dirige la délégation impériale. Le pape nomme, pour mener la conférence, sept représentants. Les Lombards choisissent à leur tour sept représentants.

Revient sur la table la question de la ville organisatrice. Les Lombards proposent Plaisance, Ferrare, Padoue. Christian von Buch riposte en avançant de nouveau les noms de Pavie et Ravenne. L'Allemagne abat ses dernières cartes pour la domination de la péninsule. La bataille est perdue, mais Frédéric ne veut pas le reconnaître.

Après plusieurs jours de débats confus, l'assemblée en revient à Venise. C'est le désir du pape, appuyé par les Siciliens, qui emporte la décision. Pourtant, rien n'est tout à fait résolu. Il faut obtenir de Venise des engagements précis : liberté de circulation dans la ville, sécurité des personnes et des biens, interdiction absolue de permettre à Frédéric d'entrer dans la ville avant d'en avoir reçu l'autorisation du pape.

Les deux délégations commencent à négocier

Il avait été convenu qu'on discuterait d'abord de la paix avec les Lombards.

Comme on pouvait s'y attendre, Christian von Buch déclara que les villes de la Ligue devaient accepter la politique de souveraineté de l'empereur et notamment l'application des principes définis à Roncaglia, c'est-à-dire tout ce qui avait suscité la constitution de la Ligue.

Piqué au vif, Gérard de Pesta, représentant de Milan,

refusa les propositions au nom de la Ligue et formula de nombreuses contre-propositions.

Cet échange montrait clairement qu'il ne pouvait y avoir de paix avec les Lombards à brève échéance. La Ligue ayant fermement informé Alexandre III qu'elle ne consentirait jamais à une paix séparée entre l'Église et l'empereur, le pape se trouvait dans une impasse. C'est alors qu'il eut l'idée de mettre les difficultés entre parenthèses : on ne parlerait plus de paix, mais d'armistice. Il proposa donc une trêve de six ans entre les cités lombardes et l'empereur.

La même question se posant pour le royaume de Sicile, Alexandre III fit également admettre l'idée d'une trêve, mais de quinze ans celle-ci.

L'archevêque de Mayence obtint de Frédéric qu'il consente à ces deux armistices. Mais l'empereur n'était pas homme à donner sans rien recevoir en échange. Il se déclara donc disposé à les accepter à la condition de pouvoir disposer des biens de la comtesse Mathilde pour une durée de quinze ans et de conserver ensuite son droit de propriété sur eux, le Saint-Siège n'en ayant que l'usufruit. (On se souvient que, dans le pré-traité d'Anagni, le pape avait obtenu la restitution sans condition des biens de la comtesse Mathilde.)

Telle quelle, cette condition était inacceptable pour Alexandre III. Il demanda donc qu'au terme des quinze ans accordés à l'empereur, les biens de la comtesse Mathilde retournent à l'Église en pleine propriété. Frédéric refusa et, pour finir, le traité de Venise passa cette question sous silence.

L'ensemble du traité de Venise marquait un recul des positions pontificales par rapport au texte d'Anagni, notamment sur la question du pouvoir temporel du pape. Ainsi, la restitution de Rome au Saint-Siège était subordonnée au respect du droit impérial. Quant aux autres domaines du Patrimoine de Saint-Pierre, leur restitution était assortie de telles conditions juridiques qu'il ne faisait de doute pour personne qu'elle ouvrait la voie à un prochain contentieux juridique.

L'empereur tente un coup de force

Alexandre III avait accepté que Frédéric s'installe à Chioggia, aux portes de Venise. Il se méfiait à juste titre des impulsions de l'empereur.

Alors que les négociations se poursuivaient, une poignée d'agitateurs vénitiens tentèrent en effet de brusquer les choses. Ils allèrent trouver Frédéric, lui affirmant que la ville était pratiquement sans défense, qu'il lui suffisait de se montrer pour imposer sa loi. L'empereur les écouta, et se garda de leur interdire la manœuvre qu'ils projetaient. Les comploteurs n'en demandaient pas davantage. Ils se précipitèrent chez le Doge et l'informèrent que Frédéric s'avançait avec son armée ; ils obtinrent l'accord du maître de la ville : que Frédéric s'avance, s'il le souhaitait. Puis, les acteurs de ce coup d'État allèrent réveiller en pleine nuit Alexandre : s'il voulait maintenir la paix, il devait autoriser Frédéric à entrer tout de suite dans la ville.

Autour du pape, c'est l'affolement. Les députés lombards partent vers Trévise ; les Siciliens supplient Alexandre de se réfugier sur leurs galères qui vont prendre la mer avant le matin.

Le pape ne bronche pas. Son calme va sauver la paix. Il prévient qu'il ne partira pas avant le retour des cardinaux qui sont encore à Ferrare. Frédéric est informé, heure par heure, de la résolution d'Alexandre. Pourtant, il attend que les agitateurs vénitiens donnent le signal prévu. Or, les heures passent, et ce signal ne vient pas.

Au matin, tout est rentré dans l'ordre; le pape et ses conseillers sont toujours là; les Lombards sont revenus; Frédéric n'a pas osé bouger. Les négociations pouvaient se poursuivre.

La cérémonie de la réconciliation

Elle est majestueuse. Le 23 juillet, le Doge Zani envoie au-devant de l'empereur six galères couvertes d'étendards et de tentures. L'empereur et sa suite embarquent; on les conduit au monastère San Nicolas, c'est-à-dire à l'entrée du Rialto, où ils passent la nuit. Frédéric reçoit ensuite six cardinaux: Hubald d'Ostie, Guillaume de Porto, Jean de Sainte-Anastasie, Théodin de Sainte-Vital, Pierre de Sainte-Suzanne et Hyacinte de Saint-Marc. Ils lui lisent solennellement le texte de l'accord qu'il a approuvé, et le lui font signer. Ils lèvent solennellement l'excommunication qui pesait sur Frédéric et ses partisans.

Le 25 juillet, la place Saint-Marc est noire de monde. C'est une foule silencieuse qui comprend parfaitement que le moment est exceptionnel. Alexandre a fait édifier, à la hâte, une tribune en bois, et se tient en haut de cet édifice placé devant l'entrée de la basilique. Accompagné de l'impératrice, son épouse, et de ses enfants, Frédéric traverse à pied l'immense place. Au bas de la tribune, il enlève son manteau et dépose son épée par terre. Puis, il baise le pied du pape. Tout est accompli.

Alexandre relève l'empereur et lui donne le baiser de paix. Le premier sait qu'il vient d'obtenir ce qu'il attend depuis longtemps. Le second accepte son humiliation, sans doute la rage au cœur. La paix est établie. Les Vénitiens acclament les deux hommes. Les cardinaux entrent dans la basilique et entament le *Te Deum*.

Le lendemain, une messe solennelle est chantée à Saint-Marc. Barberousse, installé dans le chœur, avec sa famille, prie ou feint de prier. Il sait que son humiliation publique comporte quelques avantages : la foule l'acclame, les Vénitiens reconnaissent son autorité, les Siciliens sont satisfaits d'être admis comme nation autonome. L'empereur a accepté que Guillaume utilise le terme de « roi de Sicile ». Presque tout le monde semble satisfait. Seuls grognent en silence les députés lombards. Ils craignent que l'empereur ne tente de leur imposer sa nouvelle puissance. Il n'est plus un rebelle ; l'Église, officiellement, ne lui reproche plus rien. En levant son excommunication, en traitant avec lui, Alexandre lui a restitué son autorité traditionnelle.

Crainte vague, à ce moment-là. D'ailleurs, le pape rassure une fois de plus ses alliés de la Ligue : ils n'ont rien à redouter. Puis, infatigable, il convoque un concile pour l'Ascension, à Saint-Marc. Uniquement pour régler les problèmes épiscopaux. L'empereur assiste, en majesté, à cette cérémonie. Mais il n'intervient pas. Il voit Christian von Buch, chancelier de l'Empire et archevêque de Mayence, brûler le pallium qu'un antipape lui avait donné. D'autres évêques schismatiques suivent son exemple. Tous abandonnent leurs titres. Alexandre salue, prend acte de cette transformation des esprits, et parfois leur restitue une partie de leurs fonctions.

Le 1er août, dans le palais du patriarche de Grado, l'empereur conclut une trêve solennelle de six ans avec la Ligue lombarde. Il appartenait à ses plénipotentiaires et aux représentants de la Ligue de fixer ses rapports avec les cités du nord de l'Italie. Le même jour, le pape et l'empereur déclarèrent le schisme et leur conflit officiellement terminés.

Chacune des deux parties avait des raisons d'être satisfaite. Frédéric parce qu'il avait rétabli sa position après la défaite de Legnano et le désastreux pré-traité d'Anagni. Alexandre parce qu'il avait obtenu, sans abdiquer pour autant les revendications temporelles de l'Église, que l'empereur le reconnaisse comme pape légitime, ce qui avait mis fin à un schisme de dix-huit ans.

CHAPITRE IX
LES DERNIÈRES ANNÉES D'ALEXANDRE
(1177-1181)

La première tâche à laquelle se consacra Alexandre III, au lendemain de Venise, fut la préparation d'un concile œcuménique.

Sans doute y pensait-il depuis longtemps.

Il venait de remporter une victoire indiscutable. Seul, absolument seul, au lendemain de son élection, puis recevant le ralliement de nombreux évêques, contraint de s'exiler en France, soutenu d'une main qui n'était pas très sûre par le roi de France et le roi d'Angleterre, sachant qu'au début quelques-uns des grands Ordres avaient hésité à rallier sa cause, il avait tenu bon pendant dix-huit ans contre le souverain le plus puissant d'Europe, qui par quatre fois avait envahi et terrifié l'Italie. Entre eux, ç'avait été volonté contre volonté. Aujourd'hui, l'empereur venait de se jeter aux pieds du pape et d'implorer son pardon. Il avait surtout reconnu qu'Alexandre III était le seul pape légitime. Quel triomphe, depuis sa fuite en France ! Mais quel ébranlement dans l'Église pendant toutes ces années ! Il fallait empêcher que cela se reproduise. L'unité de l'Église ne devait plus être remise en question. Il fallait faire prendre, de façon solennelle, par un concile, les décisions nécessaires pour que ce schisme soit le dernier.

Le concile de Latran couronne l'œuvre d'Alexandre

La réunion d'un concile est une tâche redoutable. La chrétienté est vaste, les routes et les moyens de transport médiocres. Du nord des îles britanniques au royaume de Jérusalem, la distance est longue. Il est indispensable que chaque évêque, chaque supérieur d'ordre, reçoivent une convocation personnelle. Le pape et son administration vont donc utiliser tous les moyens en leur possession. Des légats partiront pour transmettre oralement l'invitation d'Alexandre aux principaux responsables des Églises ; des lettres personnelles seront adressées aux évêques. Ce sera un travail de fourmi : il faut des semaines pour aller de Rome en Angleterre ; au moins autant pour joindre les évêques du royaume de Jérusalem. Encore ces missives viennent-elles parfois déranger les divers épiscopats. Autour de Jérusalem, par exemple, la guerre contre Saladin est incessante, et l'issue bien incertaine. Est-ce le moment d'éloigner des hommes qui jouent un rôle important dans l'affrontement quotidien entre la petite armée de Baudouin et les cohortes musulmanes ? Problème un peu comparable pour les évêques allemands ; Frédéric ne risque-t-il pas de considérer ce voyage comme une trahison supplémentaire ? Il a beau avoir fait la paix avec Alexandre, il continue à se méfier de ce vieil homme habile et tenace. D'autant que la révolte d'Henri le Lion contre l'empereur commence à ébranler certains des États allemands. Quant aux évêques anglais, ils doivent, d'après la charte de Clarendon, obtenir l'accord d'Henri II pour sortir du royaume. Or le roi se méfie de tout ce qui vient de Rome.

N'empêche. Bon nombre d'évêques considèrent que l'appel du pape tombe au bon moment. Deux documents prouvent la réalité de cet assentiment collectif. D'abord une lettre du roi de France. Louis VII écrit : « Déjà vous l'emportez sur vos prédécesseurs par la durée de votre pontificat ; il vous appartient encore de l'emporter dans l'éternité bienheureuse. Si vous le voulez, tout est sauvé. Agissez donc, agissez afin que la Sainte Église regagne dans l'unité ce qu'elle a perdu dans le schisme. Les dommages subis sont à réparer par une action intégrale. »

Ensuite, le document qu'adresse Henri de Clairvaux – qui, abbé de Clairvaux, devint ensuite archevêque et légat du pape – à Alexandre. Il décrit les progrès de l'hérésie. Partie de Constantinople et de Bulgarie, fondée sur le très ancien dualisme de certaines théologies orientales, elle atteint la Bosnie, puis le nord de l'Italie. Les « Bogomiles » s'implantent progressivement en Lombardie, puis franchissent les Alpes. Sous des formes distinctes, elle est au cœur des sectes néomanichéennes. Le centre du mouvement est Milan. On découvre des Églises semi-clandestines en Toscane ; ce sont ces communautés qui provoquent une sédition à Florence en 1173. Sur les rives du Rhône (Avignon et Marseille), et surtout en Languedoc, la situation est comparable. La lettre d'Henri de Clairvaux mentionne un « concile » qui se serait tenu en 1167 à Saint-Félix-de-Camaran, aux environs de Toulouse. À cette réunion, Nicetas, chef de l'Église dragovitsienne de Constantinople, rappelant les principes du dualisme qui opposent Dieu et l'esprit au Diable et à la matière, avait mis un certain ordre dans les confusions théologiques des divers groupes. On y avait aussi délimité les diocèses hérétiques; à partir de cette date, il y en a un pour Toulouse et un pour Carcassonne. De pseudo-évêques sont désignés. Si Rome veut arrêter cette maladie contagieuse, il lui faut choisir de vrais évêques résolus, et multiplier les missions chrétiennes en territoire hérétique. À noter que l'Inquisition n'existe pas à cette date, et que l'idée de mesures coercitives ne semble pas avoir effleuré les responsables de l'Église.

Les interventions de Louis VII et d'Henri de Clairvaux prouvent que l'idée de réunir un concile œcuménique est bien accueillie. Il faudra presque un an pour monter ce rassemblement exceptionnel. Plus de trois cent dix évêques en provenance de tous les pays. Le contenu de la lettre d'invitation est intéressant: Alexandre rappelle qu'il détient le ministère de l'Église universelle; que c'est à ce titre qu'il convoque les évêques pour «l'assister de leur présence et de leurs conseils». C'est donc le pape qui, en définitive, prendra les décisions importantes. En réalité, il n'existe pas l'amorce d'un conflit entre l'assemblée réunie et Alexandre, quasi souverain d'une monarchie ecclésiale.

Qui participe à cette assemblée exceptionnelle? D'abord sept évêques, venus de Palestine, accompagnés des représentants des Templiers et des Hospitaliers. Chacun les félicite: les troupes de Baudouin viennent de battre l'armée de Saladin à Ascalon. Victoire qui fut sans lendemain. Mais, en mars 1179, les évêques ne pouvaient le deviner.

Ensuite, les gros bataillons : évêques italiens et français, prieurs des ordres les plus importants. Parmi les Français, Jean de Salisbury, évêque de Chartres ; Henri, abbé de Clairvaux, qui sera fait cardinal au cours du concile ; et beaucoup d'autres.

Restent les groupes minoritaires. Les Anglais, parce que Henri n'a autorisé les voyages qu'avec parcimonie ; parce que de nombreux évêques ont hésité devant l'importance des frais et la durée de leur absence. Il n'y a donc que six évêques anglais lorsque le concile s'ouvre. Il faut ajouter quelques évêques irlandais. L'Espagne a envoyé dix-neuf évêques. L'Allemagne aussi. On relève les noms d'un Hongrois, d'un Danois.

Le concile s'ouvre le 5 mars 1179. C'est l'évêque d'Assise, Monseigneur Rufin, qui prononce le discours inaugural. Il contient un éloge appuyé d'Alexandre, « un homme dont les fortes épaules sont de taille à soutenir la marée de l'Église chancelante ». Puis, il lance un véritable hymne à la gloire de Rome : « Des cinq villes royales qui se disputent la primauté, Antioche, Alexandrie, Byzance, Jérusalem, c'est Rome seule qui a mérité d'obtenir, comme la plus digne, la monarchie de toutes les Églises. » Cet hommage donne le ton. Ce pape fragile qui, il y a quelques années, s'enfuyait vers la France avec des bateaux prêtés par un petit roi non reconnu, est devenu aujourd'hui un personnage incontesté. Ce qui a permis sa victoire, c'est la taille et la souplesse de l'organisation ecclésiale. On peut jeter le pape en prison, on peut le contraindre à signer des compromis humiliants, on ne peut détruire l'armée épiscopale. Ceux qui, dans les siècles à venir, seront tentés d'en finir grâce à l'usage de la force, perdront à tout coup la bataille qu'ils auront engagée. D'autant que chaque réflexion collective des conciles enrichit l'énorme jurisprudence de l'Église.

Latran III ne fait pas exception. Les évêques présents vont adopter vingt-sept canons. Les deux premiers traitent de la liquidation du schisme et des moyens nécessaires pour éviter de nouvelles crises comparables (pourtant, il y en aura d'autres). Les autres résolutions confortent d'anciennes traditions et parfois en dessinent de nouvelles.

Les décisions de Latran III

La liquidation du schisme s'effectue tant bien que mal. Le concile commence par annuler les ordinations faites par les antipapes Ottaviano de Monticello, Guido da Crema, Jean de Struma, et déclare nulles et non avenues les nominations décidées par ceux-ci.

En réalité, ces règles solennelles ne seront appliquées qu'avec une prudence empirique. Si les ordinations prononcées par les évêques schismatiques furent effectivement annulées, ceux-ci obtinrent souvent un compromis médiocre : ils furent replacés à des postes mineurs. Certes, l'administration romaine l'emporte : presque tous les évêques schismatiques abjurent. Mais très vite, la plupart d'entre eux entament des négociations difficiles avec Alexandre : qu'en sera-t-il, en particulier, de leurs biens et de leurs bénéfices ? Ce type de problème est réglé cas par cas, avec précaution. Il n'en reste pas moins que la situation de nombreux clercs ne sera pas fixée avant plusieurs années. Sur ce point, le concile a posé des principes sans trop se préoccuper de leur application.

L'apport le plus important de ce concile est l'élaboration de règles d'élection du pape. Alexandre III était en effet déterminé à fixer définitivement les modalités de l'élection pontificale afin d'éviter un autre schisme.

Puisque, dans la plupart des cas, l'élection d'un cardinal à la tête de la papauté est sévèrement disputée, il faut abandonner la règle de l'unanimité des votants. Lorsque le collège des électeurs se divise, il faut se contenter d'une majorité des deux tiers. Si le candidat minoritaire continue à prétendre l'emporter, il sera *ipso facto* excommunié. Du coup, la notion de majorité pour l'élection du Souverain pontife s'installe dans les usages de l'Église, et le recours au pouvoir civil pour trancher un différend devient impossible. C'est un point capital ; souvent, dans le passé, le candidat minoritaire faisait appel à un empereur, un roi ou un noble, pour venir convaincre les cardinaux résistants. Exactement ce qui s'était passé durant les premiers mois du schisme.

Autre décision d'Alexandre. Désormais, au sein du collège électoral, il n'existera plus de différence entre les divers cardinaux. Une fois réunis, ils forment un collège à part dans l'organisation de l'Église. Un collège théoriquement éphémère, puisqu'il doit s'évanouir au lendemain de l'élection. Il s'agissait surtout de marquer que l'élection du pape était l'affaire de seuls cardinaux. Il n'était pas question qu'y participent l'empereur, la noblesse romaine et le clergé d'un rang inférieur. En fait, cette instance intermédiaire entre le pape et le concile allait prendre, au fil des siècles, une autorité discrète mais incontestable.

Il faut remarquer que les règles d'élection qui furent arrêtées à ce concile sont à peu de choses près celles qui sont encore appliquées aujourd'hui. Elles n'avaient en fait rien de novateur car le Décret de Gratien prévoyait déjà qu'en cas d'absence d'unanimité, l'élection était acquise à la majorité. Il est vraisemblable cependant que leur adoption solennelle en concile leur a donné plus de poids et assuré leur pérennité.

Autres réformes. Le concile établit des règles strictes concernant les conditions d'aptitude aux fonctions épiscopales. Il faudra désormais avoir trente ans révolus. Pour ce qui est des prêtres, doyens, archidiacres, curés, l'âge de vingt-cinq ans constitue la limite inférieure. Si les charges qui leur échoient ne leur permettent pas de subvenir à leurs besoins, c'est l'évêque qui devra les payer. De même, Alexandre III poursuivit la réforme engagée par ses prédécesseurs et renouvela l'interdiction de la simonie et du concubinage des prêtres, autant de questions qui ne seraient en fait définitivement réglées que par le concile de Trente, quatre siècles plus tard.

C'est donc une remise en ordre générale. Il faudra des années pour qu'elle soit effective. Il n'en reste pas moins que l'autorité du Saint-Père est renforcée, qu'il devient un véritable tribunal d'instance pour résoudre les multiples conflits, que les décisions qu'il prend deviennent source de jurisprudence. Lors de son séjour en France, Alexandre III avait, en une formule, résumé les fonctions qui étaient les siennes : « Je serai un bon pape, déclara-t-il, si je sais bien juger, bien prêcher, et donner la pénitence. »

L'autorité temporelle du pape reste précaire

Le troisième concile de Latran s'ouvrit le 5 mars 1179. Il y eut trois séances. Il se termina le 19 mars. Lorsqu'il s'acheva, Alexandre III pouvait avoir le sentiment d'avoir rempli sa tâche.

Certes, à l'automne 1179, il y eut un nouveau soubresaut schismatique. En septembre, des partisans de Calixte III, mécontents de sa soumission à Alexandre, élurent pape Lando di Sezze, qui avait été fait cardinal par Victor IV. Pour une fois, Frédéric n'y était pour rien. Le nouvel antipape prit le nom d'Innocent III. Il fallut plusieurs mois pour le capturer et l'enfermer au monastère de La Cava dei Tirreni, près de Salerne. Mais cette dernière fièvre fut de courte durée.

Fin théologien et canoniste, Alexandre III sut reprendre en main l'Église malmenée par le schisme et y réaffirmer l'autorité spirituelle du pape. Il manqua en revanche de la force nécessaire pour imposer ses revendications temporelles, peut-être parce que l'âge et la lassitude avaient émoussé son désir de l'emporter aussi dans ce domaine.

L'affaire s'engageait mal et Alexandre devait le savoir : ses revendications temporelles n'avaient pas véritablement été confirmées à Venise. Espérer que l'empereur l'aiderait néanmoins à restaurer son pouvoir sur Rome et ses autres États était mal connaître Frédéric. Or Alexandre III était bien payé pour savoir qu'il ne pourrait pas compter sur lui.

Par ailleurs, il n'ignorait pas que sa réconciliation avec l'empereur risquait de lui créer des difficultés avec les cités lombardes ainsi qu'avec le basileus et l'Église d'Orient. Il savait aussi que, les questions de fond n'ayant pas été réglées, afin de parvenir au plus vite à la paix, Frédéric continuerait à faire valoir ses droits sur le Patrimoine de Saint-Pierre.

Enfin, Alexandre III ne pouvait qu'être conscient que le traité de Venise contenait en germe les difficultés qu'auraient à affronter ses successeurs. Il était cependant décidé à coopérer avec l'empereur qui, en repartant pour l'Allemagne, lui avait laissé Christian von Buch pour l'aider à remettre de l'ordre dans ses États.

Un prélat allemand : Christian von Buch

Dans cette difficile opération, Alexandre III fut assisté par l'archevêque de Mayence, Christian von Buch, dont il faut dire ici quelques mots.

Après la mort de Rainald von Dassel, c'est lui qui l'a remplacé auprès de Frédéric. Le fait est que tous deux furent l'incarnation des prélats allemands de cette époque, dont l'énergie trouvait à s'appliquer aussi bien à la guerre que dans la diplomatie.

Issu d'une famille aristocratique de Thuringe, il avait été élu en 1160 archevêque de Mayence par le chapitre de cette ville, mais Frédéric avait refusé de confirmer son élection et lui avait préféré Conrad von Wittelsbach. Ayant eu l'occasion de l'observer pendant sa troisième campagne d'Italie, Frédéric démit Conrad von Wittelsbach et nomma Christian von Buch à sa place, c'est-à-dire aux fonctions auxquelles il avait été régulièrement élu.

Christian fut ensuite le plus zélé des serviteurs de l'empereur, ne ménageant ses efforts ni au combat, ni dans les négociations diplomatiques, tant à Byzance qu'en Italie.

C'est donc cet homme, en qui il avait toute confiance, que Frédéric avait chargé d'aider le pape à remettre ses États au pas. Force est de reconnaître qu'il abattit avec courage et dévouement un immense travail au profit du Saint-Siège.

Rome décidément ingouvernable

Restaurer son autorité dans les États de l'Église et surtout dans Rome n'était pas une mince affaire. Qu'on en juge : le traité de Venise est effectif le 1er août 1177, mais ce n'est que le 12 mars suivant qu'Alexandre III put entrer dans Rome. Il avait fallu pour cela négocier un traité avec les Romains.

Ces derniers promirent de lui jurer fidélité, de lui rendre Saint-Pierre et tous les droits qu'ils avaient usurpés depuis 1167, de garantir sa sécurité et celle de ses cardinaux. On lui réserva un accueil triomphal. Mais, Alexandre le savait, l'humeur des Romains était changeante. Il n'allait pas tarder à en faire l'expérience.

Rome ne représentait qu'un problème parmi tant d'autres. Ainsi, l'antipape Calixte III ne s'était pas résigné au sort que lui réservait le traité de Venise. Il avait soulevé différentes populations italiennes et s'était réfugié au château de Monte Albano où Christian von

Buch alla l'assiéger. Il fallut plusieurs mois pour l'en déloger et le convaincre de se soumettre. Fin août 1178, il se rendit à Tusculum auprès d'Alexandre III qui lui donna l'absolution et le nomma recteur de Bénévent.

Ou encore Viterbe, dont la population ne voulait pas se soumettre à la souveraineté du pape. La ville fit alliance avec le marquis Conrad de Montferrat et, sur proposition du préfet de Rome, appela à l'aide le Sénat et le peuple romain. Il fallut, là encore, que Christian von Buch s'en mêle et fasse prisonnier le marquis de Montferrat au cours de l'été 1178.

Cependant, le soulèvement de Viterbe et la résistance de l'antipape avaient rendu aux Romains leur humeur belliqueuse. Tant et si bien qu'il parut plus prudent au pape de quitter une nouvelle fois la ville pour se réfugier à Tusculum avec ses cardinaux

On pourrait croire qu'après tous ces événements, l'Italie allait profiter de l'hiver pour s'assoupir un peu. Ce ne fut pas le cas. Durant l'hiver 1178-1179, les Byzantins lancèrent une attaque et réussirent à entrer dans Rome. Alexandre III les en chassa, mais ne put éviter une alliance entre le basileus et la maison de Montferrat.

Cet accord rendit toute leur énergie aux Montferrat qui reprirent la lutte de plus belle et, en septembre 1179, parvinrent à faire prisonnier Christian von Buch, qui n'avait pas cessé de les combattre. La situation devenait trop dangereuse pour Alexandre III qui préféra s'enfuir au sud de ses États.

1180 fut une très mauvaise année pour le pape. Son principal soutien, l'archevêque de Mayence, croupissait dans une prison sous la surveillance de la famille

Montferrat (il n'en fut libéré qu'à la fin de cette année-là). Durant toute cette période, l'influence d'Alexandre III ne dépassa jamais la Campanie et la Sabine. Il lui fallut attendre le printemps 1181 pour recouvrer son autorité sur la partie septentrionale de ses États. Encore n'eut-il pas le loisir d'en profiter car il mourut l'été suivant, le 30 août 1181.

Sa mort ne lui valut même pas une ultime réconciliation avec les Romains. Il était mort à Cività Castellana alors qu'il se rendait à Viterbe pour y rencontrer Christian von Buch. Il fallut donc ramener son corps à Rome. Au passage de son cercueil, le petit peuple de Rome lui manifesta une dernière fois sa haine, en crachant sur lui et en lui jetant des pierres.

Il existe nombre de points communs entre les papes Grégoire VII, Adrien IV et Alexandre III. Une même conviction dirige leurs pontificats : la réforme de l'Église est indispensable au maintien de leur autorité spirituelle. Tous trois étaient également déterminés, peu conciliants dès que le pouvoir de l'Église risquait d'être amoindri, assez opiniâtres pour tenir tête à l'empereur du moment, plus attachés au fond à leur mission apostolique qu'à leur confort. Tous trois moururent d'ailleurs hors de Rome, loin de leur palais, comme emportés par la force qui les poussa toujours à réaffirmer l'autorité et l'indépendance de l'Église face à la souveraineté impériale.

CHAPITRE X
LES DERNIÈRES ANNÉES DE BARBEROUSSE
(1177-1190)

Barberousse survécut une dizaine d'années à Alexandre. Des années dans lesquelles la fortune recommença à lui sourire et qui furent celles de ses plus grands succès. Finalement la paix de Venise – qu'il vaudrait mieux appeler « le compromis de Venise » – lui fut très utile, même si elle coûta à son amour-propre. Elle lui ouvrit les yeux. La stratégie, qu'il avait adoptée jusque-là, n'était peut-être pas la bonne. Cette Italie, qu'il essayait de soumettre à sa volonté depuis vingt ans, et qui lui échappait toujours au dernier moment, cette Italie n'était peut-être pas impossible à dominer. Mais il fallait s'y prendre autrement. Il comprit qu'il y avait plus à tirer de la diplomatie que de la guerre, et de la clémence que de la vengeance. Il découvrit que l'épreuve de force n'était pas la seule arme dont un souverain pouvait user.

À Venise, en obtenant le pardon du pape, il avait mis fin à l'excommunication, une mesure symbolique certes, mais qui à l'époque signifiait quelque chose et couvrait d'opprobre celui qui en était l'objet. De plus, dans le règlement du schisme, il avait réussi à maintenir dans leurs fonctions ecclésiastiques tous les prélats schismatiques qui l'avaient soutenu.

La défaite d'Henri le Lion

Il peut maintenant repasser les Alpes, et s'occuper de rétablir son autorité en Allemagne, où il n'est que temps de le faire. Le désastre de Legnano avait réveillé l'esprit de rébellion des princes. Il commence par régler son compte à son adversaire de toujours, son cousin Henri le Lion, duc de Saxe et de Bavière, depuis peu gendre d'Henri II d'Angleterre, qui n'a cessé de porter des coups de boutoir à l'Empire. Non content de prendre une place de plus en plus importante en Allemagne, il a toujours été profondément hostile aux expéditions italiennes de Frédéric. Sans doute souhaitait-il secrètement que celui-ci y périsse ou tout au moins s'y fasse battre. Il a refusé de lui envoyer les troupes réclamées et provoqué ainsi la défaite de Legnano, ce que Frédéric ne lui a pas pardonné. Aussi l'empereur saisit-il le premier prétexte pour abattre son cousin. Dès son retour en Allemagne, il convoque une diète d'empire pour juger des empiétements dont Henri le Lion s'est rendu coupable à l'égard des autres princes allemands. Son refus de comparaître n'empêcha pas la diète de le mettre au ban de l'Empire et de décider la confiscation de ses deux duchés. La sentence fut exécutée. Henri dut venir demander pardon à son cousin, qui lui infligea un exil de trois ans. Il se réfugia en Angleterre, chez son beau-père, qui était enchanté d'accueillir un ennemi de Frédéric.

La querelle des Guelfes et des Gibelins était enfin terminée. La famille des Staufen l'avait emporté, les Guelfes avaient perdu la partie.

La fin de la Ligue lombarde

Frédéric décida ensuite de faire la paix avec toutes les cités de la Ligue lombarde. Ce fut facile. Elles n'avaient pas des âmes de conquérantes. Elles ne s'étaient unies pour lui résister que sous la menace d'une soumission totale, et à l'instigation du pape, qui ajoutait à leurs petites forces l'arme de l'excommunication. Quand elles virent Alexandre III choisir de mettre fin à la lutte s'il était reconnu comme seul Souverain pontife légitime, elles écoutèrent plus volontiers les offres d'accord que Frédéric leur faisait adresser. À Plaisance d'abord, au mois d'avril, puis à Constance, en juin 1183, la paix fut signée sur des bases très raisonnables : les pouvoirs administratifs, que les municipalités élues exerçaient jusqu'à maintenant, seraient maintenus, mais les consuls acceptaient de prêter serment de fidélité à l'empereur, et c'est de lui que les villes tenaient les droits régaliens qu'il leur rendait. En échange de concessions indiscutables, le principe de la souveraineté était sauf. Même Alexandrie – la ville dont le nom même avait été un défi – fut admise à poursuivre son existence, au prix du changement de nom symbolique de Césarée. On est surpris de voir qu'en septembre 1184, Frédéric est accueilli à Milan au milieu d'une foule enthousiaste et qu'en février 1185 un traité d'alliance mutuelle consacre « l'amitié indéfectible de l'empereur et de Milan ». Vingt-cinq ans plus tôt, après un siège et un sac terrifiants, la ville avait été entièrement rasée. L'étude du douzième siècle est décidément instructive. « Qui l'eût dit ? » est un des mots-clés de l'Histoire comme de tous ceux qui ont vécu assez longtemps.

L'Empire s'étend jusqu'à Palerme

En Toscane, et dans l'Italie centrale, où les biens de la comtesse Mathilde avaient fait l'objet d'une revendication permanente du Saint-Siège et de l'Empire, Frédéric continuait à s'estimer le seul véritable propriétaire de ces biens. Les timides protestations des successeurs d'Alexandre ne purent l'en empêcher. D'autant plus que Barberousse frappait quelque temps plus tard un grand coup en célébrant, en 1184, les fiançailles de son fils Henri, qui devait lui succéder, avec Constance de Sicile. Le roi régnant, Guillaume II n'ayant pas d'enfant, c'est sa sœur Constance, qui devenait l'héritière présumée du royaume normand de Sicile et de l'Italie du Sud. Le rêve impérial était achevé : les frontières géographiques redevenaient, d'Aix-la-Chapelle à Palerme, celles qu'avait connues Charlemagne. La vieille recette de l'union des deux familles, c'est-à-dire la solution pacifique, l'avait emporté sur les expéditions militaires. Tous les efforts entrepris par le Saint-Siège depuis Adrien IV, pour faire du royaume de Sicile le contrepoids aux ambitions de l'Empire, étaient anéantis. Comble d'ironie, c'est à Milan que fut célébré le mariage, en 1186, et c'est des mains de l'archevêque de Milan qu'Henri reçut la couronne royale !

Pour Frédéric, c'était ce qu'on appelle, en sport comme au jeu, le grand chelem.

Les successeurs d'Alexandre III

Quelles furent, pendant toutes ces années, les réactions du Saint-Siège ? Il y eut des tensions, mais elles n'allèrent jamais aux extrêmes. Frédéric ne fit pas nommer d'anti-pape, ses adversaires ne suscitèrent pas d'antiroi, il n'y eut jamais d'excommunication. Des deux côtés on se garda d'aller trop loin. D'ailleurs, la durée très brève des pontificats – cinq en dix-sept ans – se prêtait mal à une politique suivie.

Presque tous étaient de la génération d'Alexandre et avaient été ses collaborateurs. Ils essayèrent de poursuivre son œuvre. Ce n'est pas l'empereur, ce sont les Romains qui leur valurent le plus d'ennuis. De la promesse qu'ils avaient reçue de l'empereur de mettre fin aux troubles de Rome, Frédéric ne se soucia jamais. C'est pourquoi les papes vécurent presque tous cette période en dehors de la ville, comme cela s'était produit dans le passé, et en particulier à Vérone.

Lucius III tente de résister (1181-1185)

Il s'appelait avant son élection Ubaldo Allucingoli. Il avait participé à toutes les négociations importantes de l'Église : celles des traités de Constance, de Bénévent et de Venise. Alexandre III l'avait même nommé à la commission d'arbitrage sur la validité de la donation de la comtesse Mathilde, créée par le pape, malgré la fin de non-recevoir de l'empereur. Il fut élu le 1er septembre

1181, c'est-à-dire le lendemain de la mort d'Alexandre III. D'ailleurs, les successeurs d'Alexandre furent tous élus très rapidement, sans doute pour éviter qu'une force extérieure n'essaie d'influencer le vote comme en 1159.

C'est lui qui s'installa le premier à Vérone. Sans être ouvertement hostiles, ses rapports avec Frédéric furent loin d'être détendus. Ils s'entendirent, certes, sur la nécessité de réprimer les hérésies, cathares notamment, mais, pour le reste, on se croyait ramené plusieurs années en arrière.

Ainsi, après la mort de l'évêque Arnold de Trèves, il y eut une double élection. Frédéric donna l'investiture au candidat minoritaire que Lucius III refusa de confirmer. Le pape opposa également son refus à la consécration de nombreux évêques nommés illégalement par les antipapes et ne voulut pas leur rendre leurs sièges épiscopaux.

Urbain III résiste encore plus (1185-1187)

Après lui, l'élection d'Uberto Crivelli, archevêque de Milan depuis peu, sous le nom d'Urbain III, amena au trône de saint Pierre un homme qui avait des raisons personnelles de détester Frédéric. Membre d'une grande famille milanaise, il n'avait jamais pardonné à Barberousse le siège et le sac de Milan, d'autant que sa famille avait compté parmi les victimes des troupes impériales. C'est peut-être parce qu'ils savaient que son élection irriterait l'empereur que les cardinaux l'élurent le jour même de la mort de Lucius III.

C'est sous son pontificat que les relations avec l'Empire s'envenimèrent.

Comme il refusait de couronner Henri, Frédéric contourna la difficulté en recourant aux services du patriarche d'Aquileia, qui le couronna sous le titre de « César ». Urbain répliqua en excommuniant le patriarche et tous les évêques qui avaient assisté à la cérémonie. Pour l'affaire de l'évêque de Trèves, Urbain confirma l'élu de la majorité, et non celui que soutenait l'empereur.

Exaspéré, Frédéric recourut aux mesures de rétorsion : il ferma le col des Alpes aux messagers du pape en Allemagne et envoya son fils Henri ravager les États du pape. Tout le travail accompli par Christian von Buch avant sa mort (1183) fut anéanti. Enfin, à la diète de Gelnhausen, au printemps 1187, Frédéric réussit à l'emporter sur Urbain, qui avait essayé vainement de rallier à sa cause les évêques allemands, et se réconcilia avec l'archevêque de Cologne qui était un des partisans du pape.

Réagissant à ces provocations, Urbain convoqua Frédéric devant son tribunal à Vérone, dans l'intention de l'y excommunier. Mais les Véronais, sujets de l'empereur, ne l'y autorisèrent pas. Qu'à cela ne tienne, Urbain irait à Venise prononcer l'excommunication. La mort arrêta son élan : il mourut en cours de route, à Ferrare, le 19 octobre 1187, après un an et onze mois de règne.

Un pontificat de deux mois : Grégoire VIII (21 octobre 1187-17 décembre 1187)

Plus court encore, le pontificat de Grégoire VIII, qui ne dura que deux mois, du 21 octobre 1187 au 17 décembre 1187.

Alberto di Mora, né à Bénévent, avait été nommé chancelier par Alexandre III en 1172. Il avait fait partie de la délégation pontificale envoyée en Angleterre pour enquêter sur le meurtre de Thomas Becket.

Tous les problèmes italiens passèrent d'un coup au second plan, car c'est dans cette période qu'arriva une nouvelle terrible : Saladin avait écrasé l'armée chrétienne. Guy de Lusignan avait été fait prisonnier. Jérusalem avait capitulé.

Grégoire VIII, en mourant, laissait à son successeur le soin de réagir.

Clément III lance la Troisième Croisade

À peine élu, Paolo Scolari, devenu Clément III, décida de lancer la croisade. Pour une fois, il put le faire de Rome, où il réussit à rentrer en février 1188. C'était le premier pape romain en vingt-cinq ans. Ses compatriotes lui en étaient reconnaissants. Ils lui firent bon accueil, d'autant plus qu'il s'était fait connaître comme cardinal-évêque de Palestrina par un caractère très pacifique. Il conclut rapidement avec les Romains un traité qui garantissait à la fois les libertés municipales et la souveraineté du pape.

La question de Jérusalem primait tout. Les légats du Saint-Siège furent envoyés dans tous les pays pour organiser l'expédition.

À la tête des armées, les trois noms les plus importants d'Europe : Philippe Auguste, Richard Cœur de Lion, Frédéric Barberousse. Le roi de France, le roi d'Angleterre, l'empereur allemand, toutes querelles oubliées. Une coalition impressionnante.

Parti d'Allemagne, à la tête d'une armée de vingt mille hommes, Frédéric s'embarqua à Gallipoli pour la Syrie, où il arriva au printemps 1190.

Il commença par écraser les Turcs à Konieh. Mais l'armée avançait péniblement. Ils avaient parcouru deux mille cinq cents kilomètres. La maladie, la mauvaise alimentation lui avaient fait perdre près de quinze mille hommes. Frédéric était en marche vers Séleucie, quand son armée s'arrêta pour camper au bord d'un petit fleuve, le Sélif. Cest là que se produisit l'accident.

Selon les uns, il était allé se baigner aussitôt après un repas et fut frappé d'hydrocution.

Pour d'autres, il poursuivait un sanglier – il est vrai que la chasse était avec les échecs sa distraction favorite – quand son cheval, traversant une rivière, glissa, tomba, l'entraînant dans sa chute.

Ce qui est sûr, c'est qu'il périt noyé. Le corps retrouvé, une fois dépouillé de ses chairs, fut déposé dans une basilique d'Antioche.

Sic transit…

C'est ainsi que disparut, le 10 juin 1190, dans un accident stupide, Frédéric de Hohenstaufen : l'homme qui pendant trente ans avait incarné en Europe la puissance et la gloire, celui qui avait fait revivre, après Charlemagne, après Otton, le souvenir prestigieux de l'Empire romain. Il était âgé de soixante-huit ans.

Au lendemain de son élection, il s'était proclamé lui-même, « ROMANORUM IMPERATOR SEMPER AUGUSTUS, DIVUS, PIISSIMUS IMPERATOR ET GUBERNATOR, URBI ET ORBI ».

Sa mort lui ressemble. Intrépide et irréfléchi, tel était Barberousse. Mais en même temps, elle lui ouvre les portes de la légende. Survenue en pays lointain, elle permet le doute. À Legnano, laissé pour mort sur le champ de bataille, enseveli sous un amoncellement de soldats et de chevaux, on l'avait vu soudain reparaître, huit jours plus tard, miraculeusement échappé au désastre. Maintenant, voici qu'à nouveau on le disait mort. Était-ce bien sûr ?

Certains affirmaient qu'il s'était retiré dans un monastère, sur une montagne élevée. Il y dormait en position assise, les bras posés devant lui sur une grande table de pierre, et sa barbe rousse devenue blanche continuait à pousser. Quand elle aurait fait trois fois le tour de la table, alors il se lèverait, et reviendrait pour sortir l'Allemagne de son abaissement.

Car après lui, c'est en effet le déclin. Les princes n'acceptent plus aucune autorité. Le pays est en proie aux divisions. Comble du paradoxe : alors que les empereurs intervenaient naguère dans l'élection du pape, c'est maintenant le pape – Innocent III – qui intervient dans l'élection de l'empereur, ou son renvoi – Frédéric II. Bientôt il n'y aura plus au centre de l'Europe qu'une mosaïque de minuscules États morcelés. Au lieu du Saint Empire romain, on pourra compter jusqu'à quatre cents Allemagnes ! Et même aller plus loin : on mettra en vente le Saint Empire. Deux candidats s'y intéressent, un Espagnol et un Anglais. Ils ne se dérangent même pas pour venir prendre possession de ce qu'ils ont acheté.

Après quoi, l'Histoire étant imprévisible, la roue continue à tourner. Des siècles passent et, au seuil de l'époque contemporaine, dans le sillage d'une nouvelle comète impériale qui avait fait rêver l'Europe – un rêve qui prenait parfois des allures de cauchemar –, les peuples découvrent une nouvelle drogue, l'ivresse des nationalités. L'heure de Barberousse est revenue. Au milieu du dix-neuvième siècle, figure emblématique de la Volonté hégémonique, c'est vers lui que l'Allemagne se tourne, pour obtenir une réponse à ses nouvelles aspirations.

CHAPITRE XI
RENDEZ À CÉSAR

L'Histoire en dit trop, ou elle n'en dit pas assez. Quel que soit le soin qu'il ait pris de les éviter, l'historien se doit d'avertir honnêtement le lecteur que son ouvrage souffre de trois défauts. Il comporte des erreurs – involontaires –, des anachronismes – inconscients –, et des lacunes – inévitables.

Deux erreurs de Voltaire

Le bel éloge d'Alexandre III par Voltaire, dans son *Essai sur les mœurs*, qu'on a pu lire au début de ce récit, repose sur un fait qui n'a jamais eu lieu.

Les erreurs, en histoire, sont d'autant plus dangereuses que, reprises avec confiance par plusieurs savants, on ne songe pas à les mettre en doute.

Jusqu'au jour où un historien plus curieux que les autres – en l'occurrence ce fut ici Marc Bloch [1] – décide

1. Marc Bloch, *Rois et serfs et autres écrits sur le servage*, Éditions La Boutique de l'Histoire, Paris, 1996.

d'aller y voir de plus près et découvre que la vérité n'est pas ce qu'on croyait.

Dans un texte du concile de Latran III, Alexandre demande en effet aux juifs et aux musulmans de ne pas employer de serviteurs chrétiens. Cela ne suffit pas à faire de lui, on en conviendra, un des premiers artisans de l'abolition de l'esclavage.

Mais c'était Voltaire qui l'avait dit, Voltaire à qui l'Histoire doit tant et qui ne peut être soupçonné de complaisance envers l'Église.

Dans le même panégyrique d'Alexandre III, Voltaire souligne le rôle déterminant du pape dans le combat des grandes cités italiennes pour conserver les libertés qu'elles avaient conquises. Il est indéniable, en effet, qu'Alexandre s'est opposé à Barberousse, quand celui-ci, en toute logique féodale, tenta de faire valoir par la force ses droits régaliens sur les villes de Lombardie. Mais l'a-t-il fait par amour de la liberté des villes ? Était-il partisan de ces républiques ? Ou cherchait-il simplement à opposer à Barberousse, comme un rempart entre l'empereur et lui, une coalition de cités jusque-là habituées à se déchirer entre elles ?

Il est vrai qu'on peut se demander si le pape n'est pas alors en avance sur son temps, et l'empereur en retard. Barberousse réagit en seigneur du Moyen Âge, il est tout surpris de la résistance et de la rébellion qu'il rencontre sur sa route, à chacune de ses expéditions en Italie. Il ne voit pas qu'un monde nouveau est en train de naître, où le commerce remplace l'honneur, où la bourgeoisie remplace la noblesse, où les villes deviennent plus importantes que les campagnes, et il ne comprend pas que tout cela, peu à peu, a dissous l'esprit féodal. Quand la Ligue se constitue, ce serait sûrement aller trop loin que d'y voir comme les prémices du Risorgimento, et les premiers frémissements du nationalisme italien. Mais n'est-ce pas une de ces premières fédérations, permettant à plusieurs petits cantons de s'opposer à un grand, dont la Suisse va bientôt donner l'exemple ?

Mais Alexandre III a-t-il lui-même vu tout cela ? La rapidité avec laquelle il a oublié le serment qu'il avait fait prêter aux villes lombardes de ne jamais négocier séparément avec Frédéric, le jour où l'empereur lui a proposé de le reconnaître comme seul pape légitime, ne témoigne pas à cet égard d'un idéal républicain inébranlable, mais plutôt de l'habileté d'un grand diplomate.

De même, dans l'affaire Becket, Voltaire ne voit que le courage du pape, canonisant l'évêque martyr, et exigeant du roi qu'il fasse pénitence. Exact. Mais c'est au lendemain de Venise, quand le danger Barberousse est écarté. Il n'en a pas toujours été ainsi. Au plus fort du conflit entre le roi et Becket, Alexandre III a toujours ménagé Henri II, par crainte d'un rapprochement avec l'empereur, et, en 1168, il écrivait à Becket pour lui « interdire de faire quoi que ce soit contre le roi ».

En faisant d'Alexandre III un grand humaniste, Voltaire a plutôt fait le portrait d'un Souverain pontife selon son cœur, un « pape éclairé », à l'image de ce « despote éclairé » que son peu de confiance dans les peuples et son peu de goût pour les rois lui faisaient appeler de ses vœux.

Une journée du pape Alexandre III

Le lecteur lui-même prend forcément sa part des anachronismes. Il ne peut pas s'empêcher d'interpréter le douzième siècle à la lumière du vingtième qu'il a vécu.

L'antipape Victor IV évoque pour lui ces évêques renégats du temps de la Révolution française, ou ces popes orthodoxes de l'Union soviétique, qui, par opportunisme, rallièrent le camp des vainqueurs et devinrent des collaborateurs du nouveau régime.

Mais c'est oublier une différence fondamentale. Les nouveaux régimes en question étaient des régimes athées, ou en tout cas, pour la Révolution française, ennemis acharnés du catholicisme. Les servir était renier sa foi. Tout au contraire de Victor IV, cardinal romain, qui n'était pas moins chrétien qu'Alexandre III, et qui lui aussi était persuadé, ainsi que ses partisans, qui étaient fort nombreux, que l'antipape, c'était l'autre. Sinon, comment expliquer le choix si difficile de tant d'ordres monastiques ? Il ne faut pas oublier que Cluny, cette abbaye dont était partie toute la réforme morale de l'Église, ne rejoignit Alexandre III qu'en 1163, c'est-à-dire quatre ans après son élection contestée, et que les Hospitaliers hésitèrent longtemps.

Pour qui aurait encore un doute à ce sujet, rappelons que Godefroy de Bouillon, héros de la Première Croisade, fut un fidèle défenseur de l'empereur Henri IV durant toute la période du conflit qui l'opposa à Grégoire VII.

Autre illusion d'optique · nous voyons toujours nos prédécesseurs, surtout s'ils ont vécu plusieurs siècles avant nous, comme des êtres naïfs, un peu enfantins, dont l'ingénuité est charmante, même si leur sauvagerie nous effraie. Nous admirons les croisades, mais elles nous font sourire. Ce pape chassé de chez lui, allant de ville en ville, toujours sur ses gardes, nous fait penser à un souverain en exil. Par comparaison avec les monarchies représentatives d'aujourd'hui, nous avons le sentiment qu'il se contentait d'attendre des jours meilleurs. Que faisait-il de toutes ses journées ? Que faisait-il à Sens, à Montpellier, à Anagni, à Viterbe ?

Or il n'en est rien. Il est occupé du matin au soir. Il se considère – et se comporte – comme le chef d'un État invisible, mais qui s'étend plus loin que tous les autres. Il est entouré de ministres, qui sont ses cardinaux, et forment auprès de lui le gouvernement de l'Église. L'un est en charge de questions financières, l'autre de la justice, un autre des relations internationales. Il a des ambassadeurs qu'il appelle ses « légats ». Ces légats visitent tous les pays, apportant ses consignes aux évêques et aux abbés des communautés religieuses. Alexandre donne des audiences, est consulté sur tout, suit directement de nombreuses affaires, et les suit dans les moindres détails.

Presque chaque jour le roi Louis VII reçoit des lettres où les désirs exprimés sont des ordres.

Voici un cas grave. En 1163, l'archevêque élu de Lyon, capitale des Gaules, mais qui appartient à l'Empire, est un partisan de Victor IV. Le pape informe le roi de France de ce qui se trame. Il doit être prêt à agir.

Quand une abbaye risque d'être mise en faillite, le roi se voit prier d'effacer la dette.

Si les moines de Ferrières-en-Gâtinais veulent ouvrir un marché, il faut une autorisation royale. C'est le pape qui la demande en leur nom.

Alexandre n'hésite pas à intervenir dans un conflit qui oppose deux personnalités religieuses. C'est à lui qu'on demande son arbitrage, et il menace d'excommunication celui qui ne voudrait pas s'y soumettre.

Plus pittoresque encore. Dans un monastère situé près d'Orléans, un crime a été commis. La victime n'est autre que le père abbé. Enquête. Surprise : les moines semblent directement impliqués dans le complot. Pour éviter le scandale, le pape disperse la communauté et demande à une autre communauté de venir prendre sa place. On ne s'apercevra de rien.

Les pouvoirs d'Alexandre sont tels qu'il peut revenir, et lui seul, sur toutes les décisions d'un synode. Il modifie à son gré les limites d'un diocèse, exactement comme de nos jours un ministre de l'Intérieur modifie, au gré des intérêts de son parti, s'il est en position de le faire, nos circonscriptions électorales.

Rendre la justice occupe une grande part de l'activité du pape. C'était déjà le cas de ses prédécesseurs. Au point qu'il arrivait à Bernard, l'abbé de Clairvaux, toujours prompt à s'enflammer, de tempêter : « Eh quoi, le palais pontifical retentit chaque jour du bruit des lois de Justinien, et non de celles du Seigneur. On y entend du matin au soir que les criailleries des plaideurs ! »

Les deux glaives

Lacune : faute d'avoir rendu compte, jour après jour, de l'énorme correspondance d'Alexandre, nous avons donné une idée insuffisante du sens de son pontificat. Celui-ci, comme pour ses prédécesseurs, mais c'est lui qui l'a fait avec le plus d'audace et d'autorité, a consisté à renforcer l'organisation de l'Église, à protéger sa liberté, à rattacher directement à lui tous les évêques, bref, à la rendre plus autonome et plus puissante.

Ce qui nous trompe, c'est qu'en apparence, c'est tout le contraire. Tous ces souverains d'un État minuscule – le Patrimoine de Saint-Pierre –, humiliés, chassés, emprisonnés, enlevés comme otages, s'enfuyant sous un déguisement, mourant sous les insultes, menacés tantôt par l'empereur, tantôt par les Normands, qui viennent à leur secours mais ne leur rendent la liberté qu'en échange d'une reconnaissance, et en tout cas tous les jours par la populace romaine qui les hait, même si elle les craint, ces malheureux souverains paraissent bien faibles.

Et pendant ce temps, sans rien dire, ils sont en train de tisser le réseau de puissance spirituelle et temporelle le plus dense, le plus intelligent qui ait jamais été imaginé.

Certes, ils défendent leurs droits sur Rome. Mais parce qu'on ne peut pas concevoir à cette époque une souveraineté sans État. Si le pape est reconnu en ce douzième siècle comme le Souverain pontife, et Rome le lieu du Saint-Siège, c'est parce qu'on lui a donné jadis ce territoire – par la fameuse donation de Constantin, qui était un faux. C'est pour cela qu'il a cessé d'être simplement l'évêque de Rome, un évêque parmi d'autres, pour devenir peu à peu le successeur de Pierre, *« primus inter pares »*, puis se détacher au-dessus des autres.

Mais le choix qu'il a fait montre bien que ce pouvoir temporel, le pouvoir d'un seigneur sur un État qui lui appartient, n'est pas ce qui compte le plus à ses yeux.

Disons que s'il fallait choisir – et il fallait choisir ! – entre le renforcement de leur pouvoir sur Rome et la défense de l'autonomie absolue de l'Église, Grégoire, Adrien, Alexandre, les trois grands papes du douzième siècle, ont choisi.

Dans l'Évangile, toute la pensée de Jésus sur la politique tient en une phrase, par laquelle il répond aux Pharisiens qui l'interrogent sur le paiement de l'impôt aux Romains :

« Rendez à César ce qui est à César, et rendez aussi à Dieu ce qui est à Dieu. »

De cette distinction des deux royaumes, celui qui est « de ce monde » et celui qui ne l'est pas, de cette distinction qui à l'époque avait indigné le Pharisien, les théologiens du douzième siècle tireront une interprétation politique extrême, qu'exprimera un peu plus tard Innocent III au moment où il « déposera » le roi de France Philippe Auguste :

« Il y a deux glaives, le spirituel et le temporel. Tous les deux appartiennent à l'Église. L'un est dans la main du pape, l'autre est dans la main des rois. Mais les rois ne peuvent s'en servir que pour l'Église, selon l'ordre et avec la permission du pape. Donc nous déclarons, décidons, disons et prononçons que, pour toutes les créatures humaines, être soumise au pontife romain est absolument une nécessité de salut. »

À ces théoriciens de l'absolutisme pontifical, d'autres théologiens, et en particulier, les Allemands, opposaient une interprétation différente. Pour eux, l'empereur tient son pouvoir directement de Dieu, dont le choix se manifeste à travers l'élection par les princes. Le pape ne fait ensuite que confirmer, le jour du couronnement, de façon solennelle, le pouvoir que l'empereur a reçu de Dieu.

Ces querelles nous paraissent aujourd'hui un peu... byzantines ! Mais la conclusion qu'avait tirée Alexandre III de cette distinction des deux ordres est claire. Il ne s'agit pas pour l'Église d'exercer le gouvernement des rois, mais le gouvernement des âmes. Elle ne doit en aucun cas être soumise à ces élections remplies d'arrière-pensées politiques, auxquelles tous participent, les cardinaux, les prêtres, mais aussi le peuple, les grandes familles et l'administration de la ville, comme s'il s'agissait d'élire le maire de Rome. Elle doit redevenir l'affaire des évêques et des seuls religieux. La procédure d'élection, si on parvient à la faire respecter, est la seule méthode qui évitera que l'Église soit mise au service d'autres intérêts.

...Et à Dieu ce qui est à Dieu

Autre lacune. Dans ce livre consacré à un épisode de l'histoire de l'Église au douzième siècle, nous avons contourné, sans les visiter, ce qu'il y a eu peut-être de plus important : les communautés religieuses.

Les évêques ne sont que le bras de l'Église, les monastères en sont le poumon. C'est par eux que nous entendons la respiration de la chrétienté.

Il ne faut pas oublier que presque tous les papes de ce siècle sont imprégnés de cet esprit de Cluny, c'est-à-dire de la première abbaye qui a témoigné, en réunissant des moines qui se retiraient du monde, de la nécessité de restaurer la vie chrétienne.

Contrairement au siècle précédent, en dépit de toutes les tribulations et les défaillances, aucun des scandales qu'on avait eu l'habitude d'observer autour des papes, ne s'est répété.

L'unité du siècle est dans ce sens frappante. Elle l'est d'autant plus que sa diversité est énorme et va jusqu'à des oppositions d'une extrême violence.

Il y a affrontement entre Abélard et saint Bernard. Mais il y a unité dans leur foi. Il y a une lutte implacable entre saint Bernard et Arnaud de Brescia. Mais tous les deux éprouvent la même indignation et le même écœurement devant les débordements des cardinaux romains. La révolte de Becket n'est pas la même que celle d'Arnaud. Mais elle a la même origine. La règle de Cîteaux n'est pas celle de Fontevrault. Mais l'esprit est le même. Entre les combats de Legnano et le *Te Deum* de Venise, entre Milan détruit en quinze jours et Alexandrie créée en six mois, on retrouve des liens mystérieux.

Ce qui est sûr, c'est qu'à la nouvelle de la prise de Jérusalem brusquement tout s'arrête. Une trêve est conclue. Les rangs se forment. Il est difficile d'expliquer les croisades par le seul goût de l'aventure et celui de la cupidité Même s'ils ont eu leur part dans ces expéditions.

Nous hésitons quelquefois à choisir le meilleur symbole. Qu'est-ce que le douzième siècle ? Notre-Dame de Paris dans sa magnificence, ou Clairvaux dans son dénuement ?

Clairvaux : une baraque en planches, une centaine de mètres carrés au sol. Au rez-de-chaussée, un petit réfectoire avec des bancs et une pièce nue servant de chapelle. Au premier étage, où l'on monte par une échelle, un dortoir fait d'une vingtaine de paillasses, où dorment les moines. Aucun chauffage, naturellement. Pas d'eau courante. Pas de lumière. L'inconfort total. Et tous les plaisirs proscrits, ceux du corps comme ceux de l'esprit.

Or, trente ans plus tard, il y aura déjà une soixantaine de Clairvaux. À la fin du siècle, il y en aura près de quatre cents !

Le phénomène le plus massif, le plus clair aussi dans sa signification, c'est la multiplication en moins d'un siècle de ces lieux de silence et de retraite que ne peut expliquer aucune des passions humaines connues. Parties de Cluny, de Cîteaux, de Clairvaux et de tant d'autres abbayes fondatrices, des milliers de filiales, de sous-filiales, couvrent désormais le territoire de l'Europe.

Au total, plusieurs centaines de milliers d'hommes et de femmes, tous consacrés à la prière. Le vrai pouvoir spirituel, même si le mot « pouvoir » ici n'a aucun sens.

C'est de cette armée sans armes, silencieuse, immobile, innombrable, qu'Alexandre a peut-être reçu son principal soutien.

L'Église qu'il laisse à ses successeurs n'a pas triomphé pour autant. Elle sait qu'elle ne triomphera jamais. La menace a changé de nature. Elle ne vient plus de protecteurs bien intentionnés sans doute, mais trop pesants et envahissants – même si la querelle du sacerdoce et de l'Empire n'est pas terminée. Elle vient, on la sent venir de l'intérieur, de ces virus destructeurs qui dormaient, assoupis, depuis des siècles, et qu'on appelle les hérésies. Alexandre en est préoccupé. Il l'a dit au cours du dernier concile. C'est la tâche qu'il laisse à ses successeurs.

Précisément, un peu avant ou un peu après la fin de la vie d'Alexandre, deux petits garçons viennent de naître, qui vont jouer un grand rôle dans ce nouveau chapitre. Le premier est né à Caleruega en Castille, dans une famille de la noblesse espagnole, il porte le prénom de Dominique. L'autre est le fils d'un marchand drapier d'Assise, en Ombrie, et comme son père aime beaucoup la France, où il voyage souvent, il l'a appelé François.

Tous les deux vont consacrer leur vie à lutter contre cet ennemi intérieur. Rejoints par des volontaires de plus en plus nombreux, ils ne resteront plus dans des couvents. Et ils demanderont à ce que l'ordre qu'ils ont créé soit rattaché directement au pape.

REPÈRES CHRONOLOGIQUES

Repères avant le pontificat d'Adrien IV

754 – Pépin le Bref, après avoir été sacré par le pape à Saint-Denis, lui fait restituer une grande partie de l'Italie centrale. L'État pontifical durera jusqu'en 1870.

756 – « La donation de Constantin » est inventée pour justifier les États du pape.

771 – Charlemagne, après la mort de son frère Carloman, reste seul héritier de la couronne de Pépin le Bref.

773 – Charlemagne renouvelle à Rome la donation de son père.

781 – Charlemagne dresse la liste des États du pape : Rome, certaines parties de la Sabine, de Spolète, de Bénévent, de la Lombardie, de la Toscane, plus Viterbe et Orvieto.

800 – 25 décembre : à Rome, couronnement de Charlemagne par le pape Léon III. Il est désormais empereur gouvernant l'Empire romain, roi des Francs et des Lombards.

843 - Traité de Verdun.

910 Fondation de l'abbaye de Cluny.

962 – Otton Ier, couronné par le pape Jean XII, devient après Charlemagne le premier empereur romain.

1046 – Naissance de la comtesse Mathilde. Ses biens comprennent la Toscane, Modène, Reggio, Mantoue, Ferrare et Crémone.

1049 – Élection du pape Léon IX.

1050 – Naissance d'Henri IV.

1054 – Rupture entre l'Église d'Orient et l'Église d'Occident.
– Mort de Léon IX, élection du pape Nicolas II.

1059 – Décret du pape Nicolas II selon lequel seuls les cardinaux participeront à l'élection pontificale.

1066 – Guillaume le Conquérant à la tête des Normands gagne la bataille d'Hastings et conquiert l'Angleterre.

1073 – Élection du pape Grégoire VII, succédant à Alexandre II.

1075 – Condamnation par un synode de l'investiture laïque.
– Décret du pape Grégoire VII sur les investitures. Pour les évêques elles sont réservées au pape sans intervention du pouvoir laïc.

1076 – Grégoire VII excommunie Henri IV, l'empereur allemand, qui venait de le « déposer ».

1077 – À Canossa Henri IV fait pénitence et reconnaît la légitimité de Grégoire VII.

1080 – Excommunié à nouveau, Henri IV fait élire un antipape, Clément III.

1084 – Henri IV s'empare de Rome et se fait couronner empereur par l'antipape Clément III.

1085 – Mort de Grégoire VII à Salerne. Élection de Victor III.

1087 – Mort de Victor III à Monte Cassino.

1088 – Élection du pape Urbain II.

1091 – Constitution du royaume normand de Sicile, jusqu'à cette date territoire byzantin.

1095 – Début de la Première Croisade proclamée par Urbain II.

1099 – Prise de Jérusalem par Godefroy de Bouillon.
– Mort d'Urbain II. Élection du pape Pascal II.

1105 – 31 décembre : Henri IV contraint à l'abdication par son fils, qui lui succède sous le nom d'Henri V.

1106 – 7 août : mort d'Henri IV à Liège.

1115 – Mort de la comtesse Mathilde.

1118 – 21 janvier : mort de Pascal II. Élection du pape Gélase II.

1119 – 2 février : mort de Gélase II. Élection du pape Calixte II.

1122 – Concordat de Worms. L'empereur Henri V obtient du pape Calixte II que les évêques soient nommés par lui.
– Naissance de Frédéric Ier de Hohenstaufen.

1123 – Premier concile de Latran.

1125 – Mort d'Henri V.
– Élection de l'empereur Lothaire III.

1130 – Mort du pape Honorius II, qui avait succédé à Calixte II.
– Élection simultanée de deux papes : Innocent II et Anaclet II. Le pape Innocent II se réfugie en France.
– Roger II se fait couronner roi de Sicile, de Calabre, et des Pouilles par l'antipape Anaclet II.

1137 – Mort de Lothaire III.
– Élection de l'empereur Conrad III de Hohenstaufen.
– Début du règne de Louis VII en France.

1138 – Mort de l'antipape Anaclet II.
– Innocent II retourne à Rome. Il est fait prisonnier par Roger II de Sicile qui le contraint à reconnaître le royaume de Sicile.

1139 – Deuxième concile de Latran qui condamne le schisme d'Anaclet et excommunie Arnaud de Brescia.

1144 – Prise d'Édesse par les Turcs.
– Édification de la basilique de Saint-Denis et du Mont Saint-Michel.

1145 – Mort du pape Lucius II, successeur de Célestin II, lui-même successeur d'Innocent II.
– Élection du pape Eugène III.

1147 – Deuxième croisade proclamée par Eugène III et prêchée par saint Bernard. Elle durera deux ans.

1152 – Février, mort de Conrad III. Le 4 mars son neveu Frédéric de Hohenstaufen lui succède sous le nom de Frédéric Ier.

1153 – Traité de Constance entre Frédéric Ier Barberousse et le pape Eugène III.
– Dissolution du premier mariage de Frédéric avec Adela von Vohburg par l'évêque de Constance.
– Mort du pape Eugène III. Élection d'Anastase IV.

1154 – Février, Guillaume Ier couronné roi de Sicile.
– Avènement des Plantagenêts en Angleterre.

Le pontificat d'Adrien IV

1154 – Automne : première expédition de Frédéric Barberousse en Italie.
– 3 décembre : Mort d'Anastase IV, remplacé par Nicholas Breakspear qui prend le nom d'Adrien IV.

1155 – Printemps : Adrien IV jette l'interdit sur Rome.
– Arrestation et mort d'Arnaud de Brescia.
– 18 juin, couronné à Rome par Adrien IV, Frédéric Barberousse est le premier empereur à porter le titre de Saint Empereur romain.

1156 – 9 juin, mariage de Frédéric Barberousse avec Béatrice, héritière du comté de Bourgogne.
– 18 juin : concordat de Bénévent entre Adrien IV et Guillaume Ier de Sicile.

1157 – Diète de Besançon.

1158 – Deuxième expédition de Frédéric Barberousse en Italie.
– Diète de Roncaglia.
– 18 septembre : Milan résiste à Frédéric Barberousse puis se soumet.

1159 – Première Ligue lombarde formée par Milan, Brescia, Piacenza, Crema.
– 16 avril : Milan mis au ban de l'Empire.
– 1er septembre : mort d'Adrien IV.

Le pontificat d'Alexandre III

1159 – 7 septembre, double élection simultanée : du cardinal Rolando Bandinelli qui prend le nom d'Alexandre III, et du cardinal Ottaviano de Monticello qui prend le nom de Victor IV.

1160 – 27 janvier : la ville de Crema prise par Frédéric Barberousse est entièrement rasée.
– 5 février : concile de Pavie. Convoqué par Frédéric Barberousse, il se prononce en faveur de Victor IV.
– Avril : Retranché à Anagni, le pape Alexandre III excommunie Frédéric Barberousse.
– Synode de Beauvais : le roi de France Louis VII et le roi d'Angleterre Henri II se prononcent en faveur d'Alexandre III.
– Début du siège de Milan.

1161 – Concile de Lodi : convoqué par Frédéric Barberousse, il confirme la décision du concile de Pavie.

1162 – 1er mars : capitulation de Milan qui sera entièrement rasée.
– 25 mars : Alexandre III quitte l'Italie et s'embarque à Gênes pour gagner la France.
– 11 avril : Alexandre III débarque en France à Maguelonne.
– Septembre : rencontre de Frédéric Barberousse et de Louis VII à Saint-Jean-de-Losne.
– Concile de Sens.

1163 – Alexandre III excommunie Rainald von Dassel.

1164 – Troisième expédition de Frédéric Barberousse en Italie.
– Formation de la Ligue véronaise.
– 20 avril : mort de Victor IV et élection de l'antipape Pascal III.
– Octobre : Thomas Becket s'enfuit en France.

1165 – Diète de Würzburg : Frédéric Barberousse et Henri II roi d'Angleterre soutiennent Pascal III
– 22 août : Alexandre III embarque à Maguelonne pour rentrer en Italie.
– Novembre : diète d'Aix-la-Chapelle, canonisation de Charlemagne dont la fête est fixée au 28 janvier de chaque année.
– Novembre : Alexandre III revient en Italie et rentre à Rome.

1167 – Mort de Guillaume Ier roi de Sicile.
– Quatrième expédition de Frédéric Barberousse en Italie.
– 29 mai : Frédéric Barberousse et Pascal III s'emparent de Rome.
– Alexandre III se réfugie à Bénévent.
– 30 juillet : Frédéric Barberousse couronné pour la deuxième fois par Pascal III.
– Août : l'armée de Frédéric Barberousse décimée par une épidémie de malaria.
– Retraite de Frédéric Barberousse qui réussit difficilement à atteindre Pavie.

1168 – Frédéric Barberousse fait élire son fils Henri roi d'Italie.
– Mort de l'antipape Pascal III. Élection d'un nouvel antipape Calixte III.

1169 – Début des pourparlers entre Frédéric Barberousse et Alexandre III.
– 1er décembre : accord entre les villes de la Ligue crémonaise et les villes de la Ligue véronaise ; création de la Ligue lombarde.

1170 – Échec des négociations à Veroli.
– 29 décembre : assassinat de Thomas Becket dans la cathédrale de Canterbury.

1171 – Rencontre de Frédéric Barberousse et de Louis VII à Vaucouleurs.

1173 – 21 février : canonisation de Thomas Becket par Alexandre III.

1174 – Septembre : cinquième expédition de Frédéric Barberousse en Italie.
– Octobre : début du siège d'Alexandrie.

1175 – 13 avril : Frédéric Barberousse renonce à prendre Alexandrie et cherche à regagner Pavie.
– Trêve de Montebello.

1176 – 29 mai : défaite de Frédéric Barberousse à Legnano.
– Octobre : reprise des négociations à Anagni.

1177 – 27 juillet : à Venise Frédéric Barberousse reconnaît Alexandre III comme seul pape légitime.
– Fin du schisme.

1178 – Retour d'Alexandre III à Rome.

1179 – Mars : troisième concile de Latran.
– Frédéric Barberousse couronné roi de Bourgogne.
– Juin : Alexandre III contesté à Rome se réfugie au sud des États de l'Église.
– Automne, élection d'un nouvel antipape sous le nom d'Innocent III par les partisans de Calixte III.

1181 – En France, Philippe Auguste succède à Louis VII.
– 30 août : mort d'Alexandre III à Civitä Castellana.
– Septembre : élection du pape Lucius III.
– Novembre : déchu de tous ses fiefs, Henri le Lion est exilé pour trois ans.

Repères chronologiques

1183 – Traité de Constance entre Frédéric Barberousse et les villes de la Ligue lombarde.
1184 – Frédéric Barberousse accueilli avec enthousiasme à Milan.
– Fiançailles d'Henri, fils de Frédéric, avec Constance, héritière du royaume de Sicile.
1185 – Mort de Lucius III. Élection du pape Urbain III.
1187 – 2 octobre : Saladin s'empare de Jérusalem.
– 21 octobre : Urbain III meurt d'une crise cardiaque en apprenant la nouvelle.
– Élection du pape Grégoire VIII.
– 17 décembre : mort de Grégoire VIII.
1188 – Élection du pape Clément III.
1190 – Début de la Troisième Croisade.
– 10 juin : mort accidentelle de Frédéric Barberousse.

CARTES

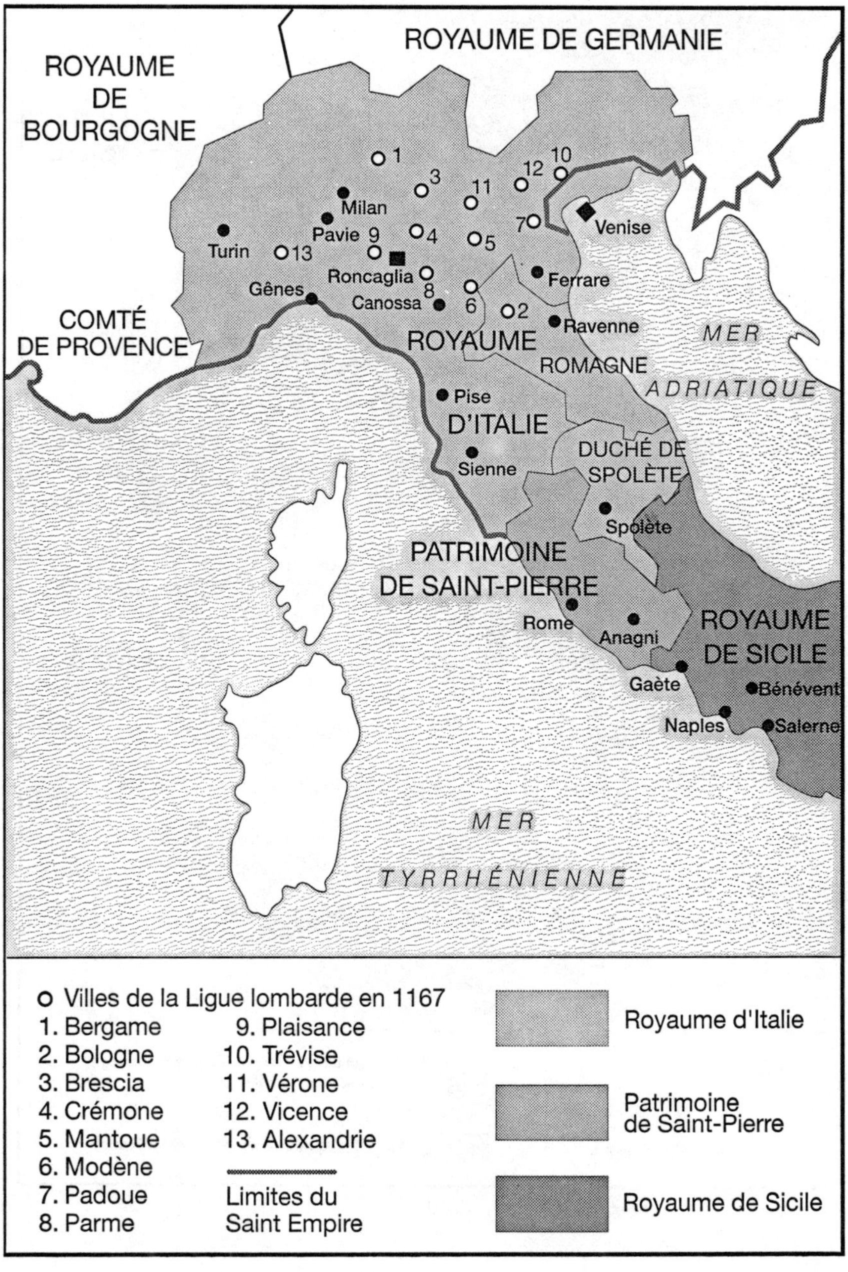

L'ITALIE AU DOUZIÈME SIÈCLE

LE ROYAUME DE FRANCE VERS 1170

LE SAINT EMPIRE ROMAIN AU DOUZIÈME SIÈCLE

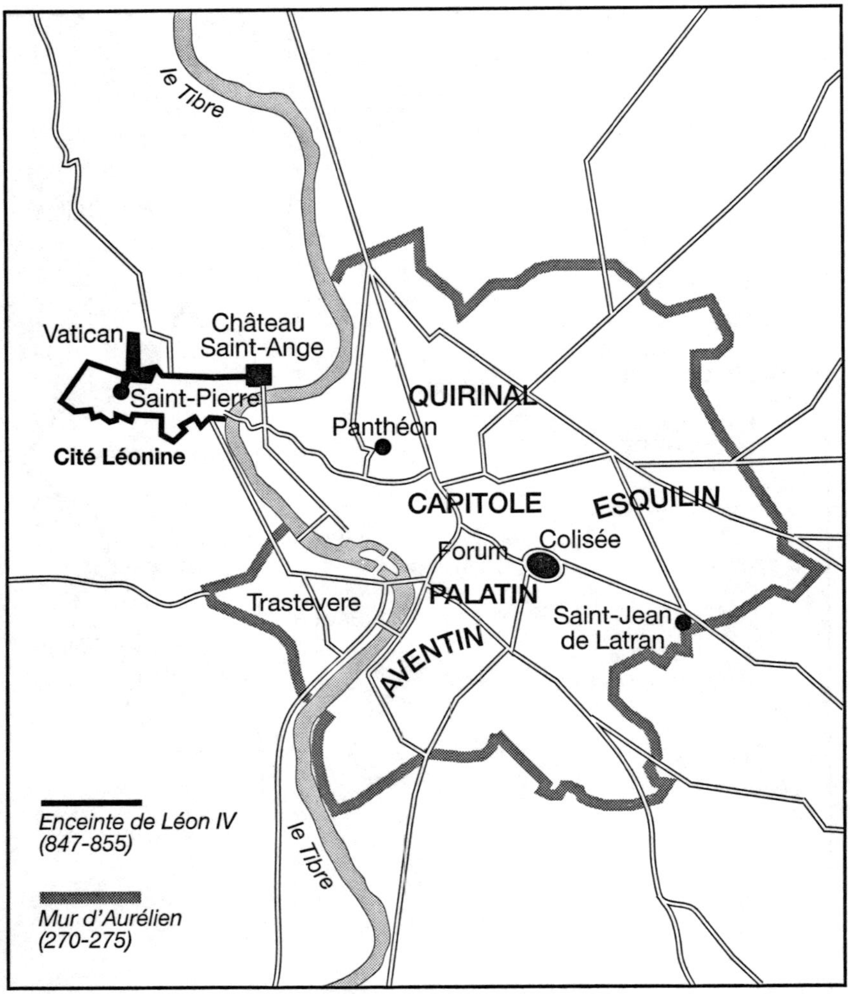

ROME AU DOUZIÈME SIÈCLE

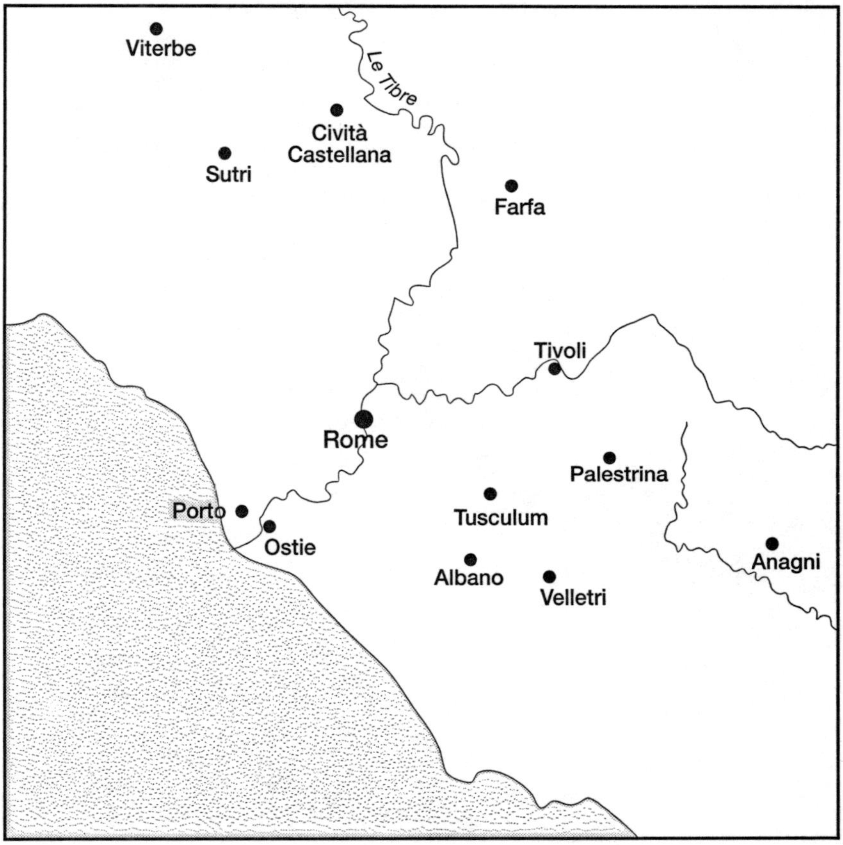

ROME ET SES ENVIRONS AU DOUZIÈME SIÈCLE

INDEX DES NOMS DE VILLES ET DES PERSONNAGES

Index

TABLE

Impression réalisée sur CAMERON par

BUSSIÈRE CAMEDAN IMPRIMERIES

GROUPE CPI

à Saint-Amand-Montrond (Cher)
en août 2003

N° d'édition : 471. N° d'impression : 033829/4.
Dépôt légal : août 2003.

Imprimé en France